北京市幼儿园办园质量督导评估的实践探索

——基于海淀区经验的指标解读

主　编　王　方　刘　昊

副主编　胡剑光　张永俊

图书在版编目(CIP)数据

北京市幼儿园办园质量督导评估的实践探索：基于海淀区经验的指标解读/王方，刘昊主编. —北京：首都师范大学出版社，2021. 4（2021.5重印）

ISBN 978-7-5656-6125-9

Ⅰ. ①北… Ⅱ. ①王… ②刘… Ⅲ. ①幼儿园—教育质量—教育评估—研究—海淀区 Ⅳ. ①G612

中国版本图书馆 CIP 数据核字(2020)第 256116 号

BEIJINGSHI YOUERYUAN BANYUAN ZHILIANG DUDAO PINGGU DE SHIJIAN TANSUO

北京市幼儿园办园质量督导评估的实践探索

——基于海淀区经验的指标解读

主　编　王　方　刘　昊

副主编　胡剑光　张永俊

责任编辑　王兰玉

首都师范大学出版社出版发行

地　址　北京西三环北路 105 号

邮　编　100048

电　话　68418523(总编室)　68982468(发行部)

网　址　http：//cnupn. cnu. edu. cn

印　刷　北京虎彩文化传播有限公司

经　销　全国新华书店

版　次　2021 年 4 月第 1 版

印　次　2021 年 5 月第 2 次印刷

开　本　787mm×1092mm　1/16

印　张　7. 75

字　数　120 千

定　价　22. 00 元

编委会

主编

王 方 刘 昊

副主编

胡剑光 张永俊

编委

（按姓氏笔画排序）

丁文月 马 虹 王晓彤 王翠肖 王燕华
王燕华 历春香 石艳丽 付 鹰 成 勇
刘乐琼 刘亚平 刘丽娟 刘 莉 刘海燕
刘翠红 刘 燕 苏 晖 杨 英 杨瑞清
李卫芳 李凤霞 李向荣 李晓夏 李 峰
李 晨 肖延红 吴燕利 汪 莉 沈 芳
张 辉 陈玉英 武春静 范艳洁 周立莉
赵红梅 赵湘霞 袁全莲 高树凤 黄庆玲
曹春香 曹雪梅 董 燕 谭湘兰 滕红健
潘燕生 魏思琪

前　言

近年来，北京市海淀区学前教育督导大胆探索，开拓创新，遵循规律，不断调整和完善督导工作思路，初步形成了“支持性督导”模式，一方面坚持“督”的权威性、强制性，对幼儿园依法依规办园情况进行监督监管，即强调“底线”标准。另一方面坚持督导的支持性、指导性，强调与幼儿园建立伙伴式、合作式关系，并给予幼儿园以适宜指导和帮助，让其在原有基础上获得进一步发展。这种有益的探索，取得了良好的实效，有效提升了海淀区幼儿园依法办园水平及保教质量。

2019 年 1 月，北京市教委、北京市人民政府教育督导室印发了《北京市幼儿园办园质量督导评估办法（试行）》，同时发布了《北京市幼儿园办园质量督导评估标准（试行）》（以下简称《标准》）。该办法的实施和新标准的颁布，标志着北京市幼儿园质量保障体系的建设完善进入了一个新的历史时期。近些年来，海淀区学前教育督导以“支持性督导”为特色进行了大量有益的探索，取得了良好的成绩。在新的形势下，海淀区坚持优良传统，将“支持性督导”与最新要求紧密结合，做好顶层设计，2019 年和 2020 年圆满完成了 90 余所幼儿园督导评估任务，督导工作机制不断完善，督导工作成效明显。

为了进一步完善海淀区幼儿园督评工作，提高督学督评能力，增强督学和幼儿园干部教师对督评标准的理解，自 2019 年 10 月开始，海淀区教委督导室委托首都师范大学学前教育学院的专家团队，开展理论研究，并多次召开督评指标研讨会，组织全体督学对指标进行充分细致的研讨。在这个过程中，我们深入挖掘了督学们的优秀经验，最终形成了对北京市督导评估指标的解读、补充说明，并采集了大量典型案例。经过专业团队的概括提炼，并由部分督学和专家、教委督政科进行层层把关和完善，最终形成了本书稿。

本书中的补充说明和案例，是在北京市标准的基础上，对 120 条指标进行的全面分析和梳理。每条指标基本包含五部分内容，除原有的指标内容、评分细则和信息采集方式之外，“补充说明”是对指标重难点或易有歧义的内容进行的解释说明，以及对信息采集方式进行的细化或说明；“案例”绝大多数来自于真实的督导一线，以具体、鲜活的实践经验展示指标内涵。上述内容在一定程度上提高了原有指标的可理解性、可操作性，既有海淀区的特色，又希望它能够为全市同行提供借鉴。

本书成稿得益于海淀区全体学前督学的支持，凝聚了全体学前督学的心血和智慧。他们或参加了座谈讨论，或参与了补充说明和案例撰写工作，或参与了审阅修订工作。在此感谢所有参与此项工作的专家和督学！

现行的幼儿园办园质量督导评估标准实施的时间还不长，相关的经验仍然需要进一步的积累和凝练，充实和完善。为进一步促进幼儿园办园质量提升，实现以评促建、以评促发展，我们希望与所有同行一起，携手共进、开拓创新、砥砺前行，为促进学前教育安全、优质、健康、持续发展不懈努力！

王　方

2021 年 1 月

目　录

第一部分　人员条件 ……(1)

一、人员配备 ……(3)

二、任职资格 ……(7)

三、上岗条件 ……(11)

第二部分　空间与设施 ……(13)

一、空间条件 ……(15)

二、设施设备 ……(17)

第三部分　机构管理 ……(21)

一、园务管理 ……(23)

二、卫生保健 ……(38)

三、保教管理 ……(40)

四、安全管理 ……(49)

五、家园社区合作 ……(57)

第四部分　保育教育 ……(65)

一、教育理念 ……(67)

二、环境创设 ……(70)

三、生活活动 ……(74)

四、游戏活动 ……(79)

五、教育活动 ……(87)

六、户外活动 ……(95)

七、幼儿评价 ……(101)

第五部分　办园成效 ……(103)

一、安全办园 ……(105)

二、队伍发展 ……(105)

三、家长满意度 …………………………………………………… (108)
第六部分　附加分 ………………………………………………… (111)
一、园所荣誉 ………………………………………………………… (113)
二、辐射带动 ………………………………………………………… (113)
三、特殊需要儿童 …………………………………………………… (113)

第一部分

人员条件

一、人员配备

(一)班级规模(20分、刚性20分)

1. ★班级规模适宜，每班幼儿人数一般为：小班(3周岁至4周岁)25人，中班(4周岁至5周岁)30人，大班(5周岁至6周岁)35人，混合班30人。寄宿制幼儿园每班幼儿人数酌减。(20分)

评分细则：

把指标分值平均分到每个班级，按每个班级实际是否超出规定班级规模情况来计算每个班的得分，再汇总形成指标总得分；每个班得分按照超出规定班级规模人数计算扣分。考虑当前学位紧张的情况，在符合空间条件、保障安全的前提下，机构班级规模适宜或所有班超出规定班级规模5人及以下的，得20分；有任一班超出6～10人的，对超出5人的，每超出1人扣本班的指标均分值的20%，直至扣完本班的指标均分值；有任一班超出11人及以上的，得0分。

信息采集方式：

系统自动生成；实地核查

参考依据：

《幼儿园工作规程》《北京市第三期学前教育行动计划》

【案例】某幼儿园共有5个班，人数分别为：小一班31人、小二班32人；中一班30人、中二班35人；大班30人。①每个班的基准分数：20/5=4分。②各班每超出一个孩子需要扣：4×20%=0.8分，每班最多扣4分。③计算各班得分。小一班、小二班分别超出国家标准6人、7人，中二班超出国家标准5人，其余各班未超出国家标准。根据规定，超过5人及以下的不予扣分，即中一班、中二班、大班均不扣分。对于小一班，超出6人，应扣除该班基准分的20%，即0.8分，该班得分为3.2分。对于小二班，超出7人，应扣除该班基准分的0.8分×2，即1.6分，该班得分为2.4分。该园最终得分为：4+4+4+3.2+2.4=17.6分。扣分原因简述：共5个班，小一班31人、小二班32人。

(二)园长配备(16分、刚性16分)

2.★6个班以下的幼儿园设1名园长;6～9个班的幼儿园正、副园长不少于2名;10个班及以上的幼儿园正、副园长不少于3名。(16分)

评分细则:

在有干部调整的情况下,可允许一年调整期。如无副园长岗位设置、但有专职人员承担副园长工作职责的,可得分。

信息采集方式:

系统自动生成

参考依据:

《幼儿园工作规程》《幼儿园教职工配备标准(暂行)》

补充说明:

• 如无副园长岗位设置,但有专职人员承担副园长工作职责的情况,要以实际工作效果为准,判断标准为该替代人员在实际工作中是否发挥了应有的职责和作用。

• 对于分园、分址情况,总园园长作为园长计入,副园长应依据分园分址班额数量配备,从整体上判定园长、副园长配备是否符合要求。

【案例一】某民办幼儿园,共6个班,岗位设置中除园长外,还有一名园长助理,没有副园长一职。但是通过访谈和现场考察了解到,该园长助理实际上承担了副园长的工作职责。依据以实际工作效果为导向的原则,本案例不予扣分。

【案例二】在对某民办幼儿园进行督导评估过程中,从教职工名册中看到该园配备了园长、保教副园长和后勤副园长岗位。但通过现场了解保教副园长业务管理情况及查阅相关业务管理资料情况,发现日常保教管理、教研工作等都存在着思路不清、工作不实、内容缺失等问题。进一步询问了解到,该保教副园长还兼任了某班的专任教师并负责组织该班半日活动,这造成了其不但无法保证实际用于教育教学的时间,也无法作为"专职人员承担副园长的工作职责"。因此,虽然该园在人员名册中显示园长岗位配备符合标准,但保教副园长并不能真正履行相应的岗位职能,不符合此项指标(刚性指标)的评分要求,故扣16分。

(三)保教人员(16分、刚性16分)

3.★全日制机构保教人员与幼儿比1∶7～1∶9，每班至少配备2名专任教师和1名保育员；半日制机构保教人员与幼儿比1∶11～1∶13，每班至少配备2名专任教师。(16分)

评分细则：

未设置保育员岗位，实行教师轮岗制，可得分。社区办园点保教人员与幼儿比1∶10～1∶12；半日制机构保教人员与幼儿比为半日每班保教人员数/半日每班幼儿数大于1∶13，允许幼儿园对每班保教人员采用兼职方式，安排园内具有教师资格证的非专任教师人员担任半日班教师或保育员。

信息采集方式：

系统自动生成；实地核查教师和幼儿花名册

参考依据：

《幼儿园教职工配备标准(暂行)》

补充说明：

·师生比＝1∶(幼儿总数/保教人员总数)

·保教人员为幼儿园中所有具备教师资格证的人员(包括专任教师、专任教师之外的其他工作人员)及保育员。

(四)卫生保健人员(12分、刚性12分)

4.★按照日托机构每收托100名儿童、全托机构每收托50名儿童至少设1名专职卫生保健人员的比例配备卫生保健人员。日托机构100名儿童以下、寄宿制机构50名儿童以下，设1名专职或兼职卫生保健人员。(12分)

评分细则：

满足至少有1名专职或兼职卫生保健人员，得6分；剩余6分按标准执行，每少于标准卫生保健人员1名扣2分，直至剩余6分扣完。

信息采集方式：

系统自动生成；实地核查

参考依据：

北京市卫生局、北京市教育委员会《关于加强托幼机构卫生保健工作的

通知》

补充说明：

·一个园所最多只能有一名兼职保健医。

·兼职保健医须有保健医培训合格证，其在完成卫生保健工作的同时可承担其他工作。

（五）其他人员（16分、刚性16分）

5.★机构至少设置1名安全员，根据相关规定配备专职保安人员。（6分）

评分细则：

安全员可由机构内教职工兼职担任。

信息采集方式：

系统自动生成；实地核查

参考依据：

北京市人民政府办公厅印发《关于进一步加强学前教育管理的意见》的通知

补充说明：

·安全员岗位设置为专职或兼职，要注重安全员在实际工作中的履职情况。

·专职保安人员必须配备保安证。

【案例】在督导过程中发现，某些幼儿园虽设置了安全员岗位，但实则“形同虚设”。例如，在园内日常安全检查记录等过程性资料中看不到安全员工作的痕迹，说明安全员在实际工作中未发挥作用，此现象应杜绝。

6.★至少配备会计1名、出纳1名。（5分）

评分细则：

不具备设置会计机构或会计人员的，应委托经批准设立从事会计代理记账业务的中介机构代理记账。以分园、分址、分部形式存在、且财务与主园统一核算的机构，主园会计、出纳人员配备情况可视同为该机构配备情况，可得分。

信息采集方式：

系统自动生成；实地核查

参考依据：

《幼儿园教职工配备标准(暂行)》

补充说明：

· 设置会计机构或会计人员的幼儿园，查看其聘任书或岗位职责。

· 不具备设置会计机构或会计人员的幼儿园，查看其与从事会计代理记账业务的中介机构代理的合同或账本。

7. ★设置食堂的机构，炊事人员与儿童配备比例：提供每日三餐一点的托幼机构应当达到1∶50，提供每日一餐二点或二餐一点的1∶80。(5分)

信息采集方式：

系统自动生成；实地核查

参考依据：

北京市卫生局、北京市教育委员会《关于加强托幼机构卫生保健工作的通知》

补充说明：

· 炊事人员与儿童配比 ＝ 1∶(幼儿总数/炊事人员总数)。

· 进入食堂的督学，需要按照相关标准穿戴炊事人员工作服、帽子、口罩、鞋套。

· 确定炊事人员数量，需到食堂进行实地考察，同时查看其聘任书或岗位职责。

二、任职资格

(一)园长资格(20分、刚性20分)

8. ★园长应当具有《教师资格条例》规定的教师资格、具备大专以上学历，有三年以上幼儿园工作经历和一定的组织管理能力，并取得幼儿园园长岗位培训合格证书。(20分)

评分细则：

对颁发园长岗位培训合格证书的机构不作统一要求。

信息采集方式：

网上查阅资料；实地查看原件

参考依据：

《幼儿园工作规程》

补充说明：

·实地核查：园长的教师资格证、大专以上学历证书；园长岗位培训合格证书。

(二)教师资格(30分、刚性30分)

9.★教师100%具有《教师资格条例》规定的教师资格证书。(30分)

信息采集方式：

网上查阅资料；班级中查看原件

参考依据：

《幼儿园工作规程》

补充说明：

·采用“人证不分离”原则，即：教师资格证原件放在教师所在班级，复印件放在档案盒备查。

·如教师持小学、中学教师资格证，需有学前领域的学习或培训材料。

【案例一】在某幼儿园年度考核工作中，查阅教师资格证时，绝大部分资格证在“资格种类”一栏中均为“幼儿园教师资格”，但其中一份却是“幼儿园”，缺少“教师资格”字样。在“中华人民共和国人力资源和社会保障部国家职业资格证书全国联网查询平台”查询后显示，无此人信息，说明此教师资格证为虚假证书，此项扣30分。

每一位园长都应该掌握教师资格证相关政策，并严格执行，尤其在幼儿园招聘教师时，应该严格审核教师证。

【案例二】在某幼儿园督评工作中，督学随机选择一个大班核实教师名单，发现人员名册上有某位教师的名字，但其人并不在这个班。经询问该教师已调到小班。然后督学继续到小班进行核验，结果发现小班也无此教师。陪同的教师说她休病假了，督学继续追问其岗位是什么，陪同的老师回答不出来。经查证，此名教师已离职，信息未被收回，该幼儿园教师资格证信息存在虚假现象，此项扣30分。

(三)卫生保健人员资格(20分、刚性20分)

10.★医生应当取得《医师执业证书》，护士应当取得《护士执业证书》，保健员应当具有大专以上学历。(20分)

评分细则：

幼儿园取得《北京市托幼机构卫生保健工作综合评价报告》评价合格的，可得分。

信息采集方式：

网上查阅资料；保健室查看原件

参考依据：

北京市卫生局、北京市教育委员会《关于加强托幼机构卫生保健工作的通知》

补充说明：

·对于上述证件，须查看原件，包括《医师执业证书》或《护士执业证书》、保健员的大专以上学历证书等。

(四)保育员资格(10分、刚性10分)

11.★保育员100%接受过幼儿保育职业培训并取得上岗证。(10分)

信息采集方式：

网上查阅资料；班级查看原件

补充说明：

·岗位培训证书不限定颁发单位，可到相关平台查询真伪。

(五)其他人员资格(20分、刚性20分)

12.★安保人员100%取得保安资格。(5分)

信息采集方式：

网上查阅资料；实地审核原件

参考依据：

《保安服务管理条例》

补充说明：

・查阅安保公司的资质，以及幼儿园与安保公司签订的合同。

・实地查看安保人员证件原件，可以到相关平台查询真伪。

13. ★财会人员应当具备从事会计工作所需要的专业能力。(5 分)

评分细则：

如“至少配备会计 1 名、出纳 1 名”指标得分，此项可自动关联得分。

信息采集方式：

系统自动生成

参考依据：

《会计法》

14. ★炊事人员 100%取得《食品从业人员健康证》。(10 分)

信息采集方式：

网上查阅资料；实地审核原件

参考依据：

北京市卫生局、北京市教育委员会《关于加强托幼机构卫生保健工作的通知》

补充说明：

・实地审核原件：《托幼机构工作人员健康合格证》和《食品从业人员健康证》一年一检；《卫生法规知识培训合格证》两年一检。（见下图）

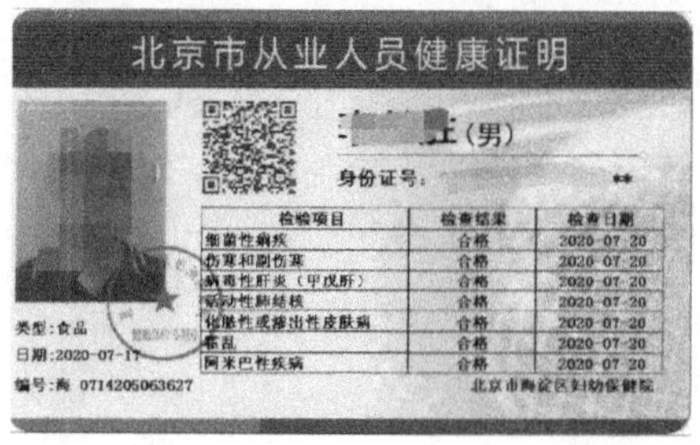

三、上岗条件

（一）健康合格证（12分、刚性12分）

15.★教职工上岗前100%取得《托幼机构工作人员健康合格证》。（12分）

信息采集方式：

网上查阅资料；实地审核原件

参考依据：

北京市卫生局、北京市教育委员会《关于加强托幼机构卫生保健工作的通知》

补充说明：

·须查看原件，实地核对，健康合格证1年1检。

（二）岗前培训（8分、刚性8分）

16.★教职工100%接受有关教育政策、法律、法规、师德、未成年人保护等方面基本培训以及符合其岗位特点的岗前培训。卫生保健人员100%持有《北京市托幼机构卫生保健人员培训证》。（8分）

评分细则：

对教职工培训机构和方式不作统一要求。卫生保健人员未取得培训证书，但幼儿园取得《北京市托幼机构卫生保健工作综合评价报告》评价合格的，可得分。

信息采集方式：

现场核查：通识性基本培训材料提交一套即可，并附签到表、学习照片、教职工学习体会；其他具有岗位独特性培训过程材料提交三年材料，卫生保健人员提交合格证且有每年培训签章。

参考依据：

北京市卫生局、北京市教育委员会《关于加强托幼机构卫生保健工作的通知》

补充说明：

·查看《北京市托幼机构卫生保健人员培训证》原件。

第二部分

空间与设施

一、空间条件

(一)生均运动空间(16分、刚性16分)

17.★提供全日制服务的机构，应有相对独立的幼儿户外活动场地及安全防护措施，户外活动场地生均使用面积不低于2平方米。(12分)

信息采集方式：

系统自动生成；实地目测与听取汇报相结合

参考依据：

《北京市举办小规模幼儿园暂行规定》

补充说明：

·户外生均面积按照幼儿实际使用面积计算。计算方法：户外活动实际使用场地面积/在册幼儿数≥2平方米。

·重点关注实地情况，结合园方提供的数据或原始房屋平面图，进行综合判断。

【案例一】某幼儿园户外活动场地面积符合要求，但活动场地坑洼不平，地砖损坏严重，吊环下面是水泥地，滑梯落脚不远处是大树，沙坑外围尖锐处无包角，安全隐患大，本项不得分。

【案例二】某幼儿园户外活动场地虽然面积很大，但是一些地方被围起来另做他用(如停车、库房等)，幼儿无法进入场地活动，此类面积不属户外活动场地，不予计算。

18.★有一定的室内运动空间，能满足特殊天气情况下幼儿运动需求。(4分)

信息采集方式：

实地查看

补充说明：

·根据实际情况酌情考虑。遇到特殊天气时，幼儿园使用室内空间，如走廊、活动室、睡眠室等作为临时活动场地，保证了幼儿室内运动的进行，就予以认定。但要考虑安全原则，比如过于狭窄的走廊不利于活动，无法保证安全性，则不能认定为室内运动空间。

【案例】某幼儿园在接受督导时向督学表示，该园在特殊天气时会使用走廊进行活动，因为没有其他适合特殊天气活动的场所。但是通过实地查看发现，该园的走廊非常窄，无法安全开展活动，因此本条扣 4 分。

(二)生均活动室空间(24 分、刚性 24 分)

19. ★幼儿活动室具备自然采光、自然通风、供暖、避暑等条件。(10 分)

信息采集方式：

实地查看

补充说明：

· 自然采光、自然通风、供暖、避暑需要全部满足，四者缺一不可。

· 本项指标是针对每一个活动室进行的考察，每个活动室都必须达到上述要求。

· 自然光照不足的，可用灯光补足。光照强烈的，需有防强光措施。重点关注美工区、图书区。

【案例】在督导中发现有些园所的活动室内照明不足。如下图所示，这个幼儿活动室仅南侧有两扇较小的玻璃窗，照进房间的日光很少，室内较暗，且仅此一盏灯作为照明光源。督学向该园管理者指出此问题，并建议其尽快改善，要求根据标准，为幼儿活动室增添照明设备，安装时注意照明的角度，让室内的每个角落均能感受到充足的光源，且避免强光直射入眼。

20. ★每班活动室生均使用面积不低于1平方米，若活动室与睡眠室共用，生均使用面积不低于2平方米。(14分)

信息采集方式：

系统自动生成；实地目测与听取汇报相结合

参考依据：

《北京市学前教育社区办园点安全管理工作基本要求(试行)》

补充说明：

· 本条指标是针对每一个活动室进行的考察，每个活动室都必须达到要求。

二、设施设备

(一)生活设施设备(18分、刚性18分)

21. ★至少配备符合儿童年龄特点的桌、椅、儿童床(提供全日制服务的机构)等幼儿生活设施；生活设施应符合安全、环保要求，不存在可能对儿童造成伤害的安全隐患。(18分)

信息采集方式：

实地查看

参考依据：

《北京市学前教育社区办园点安全管理工作基本要求(试行)》

补充说明：

· 本项指标有3个关键点：符合儿童年龄特点、安全、环保。

· 尽量与安全管理、物质环境等指标相结合，不重复扣分。

【案例】关于配备符合儿童年龄特点的桌、椅，在督导时发现有的幼儿园大、中、小班桌椅高度一样，有的幼儿园虽然购买了不同尺寸的桌椅，但没有按年龄分配，大班有小班尺寸的桌椅，小班有中大班尺寸的桌椅，桌椅使用较为混乱，没有关注儿童的年龄特点，督学建议幼儿园尽快整改。

(二)卫生设施设备(18分、刚性18分)

22.★按照卫生、食药监要求配备盥洗、保健、消毒设施、食堂用具等设施设备，取得《北京市托幼机构卫生评价报告》评价“合格”。(13分)

信息采集方式：

网上查阅资料

参考依据：

北京市卫生局、北京市教育委员会《关于加强托幼机构卫生保健工作的通知》

补充说明：

·取得《北京市托幼机构卫生保健工作综合评价报告》评价“合格”并在有效期内，即可得分。

·实地查看保健室、盥洗室、食堂等设施设备的配备和使用是否符合卫生、食药监部门的相关规定。

【案例一】在督导时，有些幼儿园食堂各种清洁用具都做了明确的标识，但具体操作有一定的问题，如清洁生肉冰箱和绞肉机的毛巾，与清洁食物留样冰箱的毛巾交叠悬挂，有一定的交叉污染风险，存在一定的食品安全隐患。一旦出现食源性感染，不易查清楚感染源，食物留样也就失去了意义。《北京市托幼机构卫生保健工作常规》规定：清洁用具专用，加工生熟食品所用的工具等应分开，并有明显标记。在执行卫生保健工作常规时，幼儿园要清楚常规要求的目的。

【案例二】某幼儿园食堂的一个大操作间用消毒柜、冰柜、储物柜作为隔离墙，划分出粗加工、操作间等几个区域，区域之间未完全独立，存在相互污染的风险，同时操作间布局不合理，建议将食堂改建纳入幼儿园规划，按照相关要求规范食堂建设，合理划分不同区域，按照食品原料购进—清洗切—烹饪—备餐等流程，各环节都要严格遵循“生进熟出”的原则，防止待加工食品直接入口以及原料与成品交叉污染。

23.★设立食堂的机构需取得《食品经营许可证》；未设立食堂的机构提供幼儿餐点服务需由有合法资质的供餐公司提供。(5分)

评分细则：

设立食堂的机构，应取得有效期内的《餐饮服务许可证》或《食品经营许可证》，部队幼儿园食堂应取得《中国人民解放军卫生许可证》。由供餐公司提供餐点服务的机构，应提供与通过区教委公开招标选定的外供餐企业签订的外供餐服务合同。

信息采集方式：

网上查阅资料

参考依据：

《食品经营许可管理办法》、北京市卫生局、北京市教育委员会《关于加强托幼机构卫生保健工作的通知》、《北京市中小学校食堂管理办法(试行)》

补充说明：

·设立食堂的机构查看原件：《餐饮服务许可证》或《食品经营许可证》(部队园为《中国人民解放军卫生许可证》)，注意查看是否在有效期内。

·由供餐公司提供餐点服务的机构查看：区教委公开招标选定的外供餐企业证明，以及供餐合同、接餐流程和相关制度等。

(三)安全设施设备(24 分、刚性 24 分)

24. ★消防设施设备符合消防安全技术要求，取得应急消防部门提供的《消防验收合格证明》或取得《消防安全现场检查登记表》，证明场所符合消防安全技术要求，准予使用。(14 分)

评分细则：

对能够提供由消防部门出具相关合格证明的，可得分；部队幼儿园由部队相关部门出具消防、房屋等合格证明的，可得分。

信息采集方式：

网上查阅资料；实地查看设施设备

参考依据：

北京市消防总队《关于印发推进“放管服”改革持续优化营商环境便民服务措施的通知》

补充说明：

·实地查看《消防验收合格证明》或《消防安全现场检查登记表》，部队园提供部队相关部门出具的消防、房屋等合格证明。

·实地查看园所消防栓、灭火器等安全设备设施是否在有效期内。

【案例】在督导过程中，发现某些幼儿园虽然有《消防验收合格证明》等有关证明，但是检查时发现灭火器已过有效期。相关园领导介绍说已经联系准备去换。这种情况要求幼儿园限期整改，并根据更换情况决定是否扣分。

25.★实现公共活动区域视频监控全覆盖，在机构重点部位安装紧急报警装置。(10分)

信息采集方式：

实地查看

参考依据：

北京市人民政府办公厅印发《关于进一步加强学前教育管理的意见》的通知、《北京市中小学幼儿园平安校园建设标准(试行)》

补充说明：

·公共活动区域主要包括：幼儿活动室、睡眠室、盥洗室(便池区域可不覆盖)、走廊、楼梯、财务、大门等区域，视频监控全覆盖、无死角。

·实地查看监控设备、紧急报警装置是否运行正常。

·不能与地方警方联网的部队幼儿园，一键报警装置与部队相关部门联网即可。

【案例】在督导过程中，发现某幼儿园安装了一键式报警装置，但是询问时发现保安并不知道它的使用方法。安装一键式报警装置要发挥真正的作用，而不是只为应付检查。

第三部分

机构管理

一、园务管理

(一)组织架构(6 分、刚性 6 分)

26.★按照国家及北京市相关规定设立党组织、园务委员会、教职工大会或教职工代表大会、教研组、班组、卫生保健组、家长委员会、膳食委员会、保育员组、信息资料组、总务组等组织。(6 分)

评分细则：

设立党组织、园务委员会、教职工大会或教职工代表大会、共青团组织、工会组织、教研组、年级组或班组、卫生保健组、安全保卫组、家长委员会、膳食委员会、保育员组、信息资料组、总务组等组织。组织齐全，得 6 分。根据实际情况应有未有，每缺少 1 种组织，扣 0.5 分，扣完为止。如缺少某个专门的组织，但其职能有其他组织承担，可不扣分。部队幼儿园不设立工会组织的，不扣分。

信息采集方式：

网上查阅近一年的资料：1. 细则中明确的 14 项(部队园 13 项)组织机构工作机制、职责；2. 组织机构图

参考依据：

《中共中央　国务院关于学前教育深化改革规范发展的若干意见》《幼儿园工作规程》

补充说明：

· 如果缺少某个组织，但其职能有其他组织承担或有人负责，可不扣分，但要有能够说明该职能的实施情况的支撑性材料。

· 如果园所党员少于 3 人，无法建立独立的党支部，需提供能够证明园内党员参与上级党支部活动的相关材料。

· 如果幼儿园中没有党员，可不设党支部，不予扣分。

【案例】在督导过程中，多数幼儿园能够依据标准设置较完备的组织架构，但也存在一些问题，集中体现在三个方面：一是幼儿园只有一两名党员，党员未有归属的党支部；二是民办幼儿园未设立团支部；三是幼儿园教职工代表大会中代表人员比例偏低，不足以很好地发挥民主管理、民主决策的作用。

针对这些问题，依据相关政策，提出三点建议：一是不满三名党员的幼儿园，暂时不具备单独成立党支部条件的，可参加上级单位支部活动，或者与邻近基层单位的党员组成联合党支部。二是民办幼儿园青年教师数量多，需成立团支部。成立团支部需要报批，民办幼儿园可以到所在学区申请。三是充分发挥教职工代表大会的作用，“教职工 80 人以上的学校，应当建立教职工代表大会制度；不足 80 人的学校，建立由全体教职工直接参加的教职工大会制度”，具体参考 2012 年颁布的《学校教职工代表大会规定》（中华人民共和国教育部令第 32 号）。

（二）制度建设（12 分、刚性 4 分）

27. ★重视制度建设，建立岗位责任制、学习会议制度、考勤制度、奖惩制度、交接班制度、业务档案制度、工作人员工作质量评价考核制度、资料借阅制度等制度。（4 分）

评分细则：

各项制度完善、齐全，建有岗位责任制、学习会议制度、考勤制度、奖惩制度、交接班制度、业务档案制度、工作人员工作质量评价考核制度、资料借阅制度等制度。制度齐全，得 4 分；根据实际情况应有未有，每缺少 1 项制度，扣 0.5 分，扣完为止。

信息采集方式：

网上查阅制度文本

参考依据：

《幼儿园工作规程》

补充说明：

·细则中的所有制度不要求全部独立成文，允许整合到同一个制度文件中，但细则中提到的各项内容均需在文件中有所呈现。

·关于“根据实际情况应有未有”，要结合园所实际情况进行判断，如某园有寄宿幼儿，但是没有相关的寄宿制度，则扣 0.5 分。

·重点查阅制度建设是否基于幼儿园实际情况，能够对幼儿园日常工作开展提供保障。如发现幼儿园的制度中存在大量过时、与幼儿园实际不符的内容，疑似照搬、抄袭的情况，本条不得分。

【案例】制度是各项工作有序开展的保障，某园非常重视各项制度的建立和完善，结合实际需要，形成了园所《制度汇编》《岗位职责汇编》《常规工作汇编》《工作项目操作流程与要求》等多项制度，有力地规范了园所的大小事务，使其发挥指导作用，也为营造良好的管理文化提供支持。通过规章制度的建立，每一位教职工都深入了解自己的岗位职责，以及与自己息息相关的各项工作规范和要求。该制度的建立也充分地考虑了幼儿园的教育特点，以及教师和儿童的发展需求，促进了教师的培养和儿童的发展。园所要重视制度建设，要让所有工作有据可依，有规范、有要求、有评价，切实保障园所的高效运行。

28. 能够认真按照制度要求开展工作。(4 分)

评分细则：

【基本达到要求】能够按照各项制度要求开展工作。(0～2 分)

【达到要求】机构各项制度落实到位，权责明确，责任落实到人，并能够针对落实情况进行过程管理，定期检查与反馈。(2～4 分)

信息采集方式：

实地查看两个学年的材料

补充说明：

· 主要考察各项制度落实情况。结合各项工作过程性资料、工作实际成效等进行综合考察。对于过程性资料，如会议记录等，允许电脑记录打印件。

【案例】制度建设的关键在于制度的落实，这也是我们在督导工作中必须关注的内容。如何了解一所幼儿园制度的落实情况？在督评工作中，我们会关注以下三个方面：第一，与制度相关的工作考核与评价；第二，查阅与制度落实情况有关的培训计划和记录；第三，进行教师访谈，了解制度落实的具体情况。

29. 各项制度规范、合理，切合本园实际，能切实发挥制度管理的作用。(4 分)

评分细则：

【基本达到要求】机构制度符合国家及市、区规定，行文规范。(0～1 分)

【达到要求】在符合国家和市、区规定的基础上能够结合实际，定期对各项制度进行修订、补充和完善。(1～2 分)

【较好达到要求】制度能体现科学管理要求，符合机构实际，操作性强，能切实发挥制度管理的作用。(2～4 分)

信息采集方式：

实地查看一年材料

补充说明：

·对于“修订、补充、完善”不可做僵化的考察。如果制度符合实际需求、实施良好，即便看不到修改的资料证据，也不应对此扣分；对于修订的情况，可以通过访谈，了解修订的原因、内容等，不要求幼儿园必须拿出修订前的制度文本。

【案例】园所的各项规章制度，只有与园所的实际情况相吻合才能发挥作用。在督导工作中，多数幼儿园能够制定规范、合理的规章制度，也有个别园所的某些规章制度并不切合园所实际，主要表现如下：第一，规章制度与幼儿园运行的实际情况不相符；第二，规章制度内容没有及时更新和修订，内容存在滞后现象；第三，园所规章制度内容过于宽泛，精细化不足。面对这些问题，园所需要在制定规章制度时，一方面，充分地分析园所运行的各个要素，不能用“拿来主义”不加甄别地运用。另一方面，明确制度的责任人、制度落实的标准以及制度落实效果的评价方法，并严格执行。制度执行一段时间后要定期对执行效果开展调查，结合园所的发展情况及时修订和完善制度。让制度与园所发展融为一体，注重制度的不断创新。

(三)文化建设(6分)

30. 注重文化育人，有明确办园理念。(2分)

评分细则：

【基本达到要求】有明确的办园理念，办园理念符合党的教育方针、国家法律法规。(0～1分)

【达到要求】有明确的办园理念，办园理念符合党的教育方针、国家法律法规，与机构发展相契合。(1～1.5分)

【较好达到要求】有明确的办园理念，办园理念符合党的教育方针、国家法律法规，管理者有明确的管理思路和策略。办园理念与机构发展相契合，能够体现机构发展的前瞻性。(1.5～2分)

信息采集方式：

网上查阅(1. 办园理念文本；2. 文化建设理念文本)；园长、教职工访谈

参考依据：

《幼儿园园长专业标准》

补充说明：

・在听取园长汇报、园长和教职工访谈、查阅资料的基础上，更要注重在实际工作中，党和国家的教育方针、《纲要》和《指南》精神、幼儿身心发展特点的落实和体现。不必过于注重文字提炼是否严谨、文采是否出众。

31. 能营造体现办园理念的自然环境和人文环境，形成积极向上、宽容友善、充满爱心、健康活泼的园风园貌。(1分)

评分细则：

【基本达到要求】机构环境整洁，布局基本合理，育人氛围较好。(0～0.5分)

【达到要求】能够营造体现办园理念的自然环境和人文环境，形成积极向上、宽容友善、充满爱心、健康活泼的园风园貌。(0.5～1分)

信息采集方式：

实地查看

参考依据：

《幼儿园园长专业标准》

补充说明：

・重点从幼儿园整体环境、氛围、师生的精神面貌方面进行考察。

32. 文化建设能够与机构管理、课程、教师培养等方面相互融合。(3分)

评分细则：

【基本达到要求】文化建设与管理、课程、教师培养等方面内容有一定联系。(0～1分)

【达到要求】文化建设能够与园所管理、课程、教师培养等方面内容同步进行。(1～2分)

【较好达到要求】文化建设能够渗透进机构管理、课程、教师培养等方面各项工作细节之中。(2～3分)

信息采集方式：

现场查阅近三年的资料；园长、教职工访谈

(四)队伍建设(24分、刚性8分)

33.★干部、教职工队伍建设有规划、计划。(2分)

评分细则：

有符合机构实际及未来发展的干部、教职工队伍发展规划、计划，涵盖各岗位人员。(2分)

信息采集方式：

网上查阅三年资料(1. 干部、教职工队伍建设三年规划；2. 三年内每学年干部、教职工队伍建设计划)

补充说明：

·队伍建设的计划可以不单独成文，允许包含在全园工作计划中，但须列出干部队伍和教师队伍发展的具体目标、措施。

【案例一】在某幼儿园督导中，该园的干部、教职工队伍建设三年规划等文字材料丰富、名目清晰、排版认真、分档有层次。但逐一细看之后，发现存在一些问题，如：全园规划与各部门计划的对应存在部分脱节现象，虽内容相符，但实施时间却有出入，且制定的目标并不完全统一。上述情况反映了幼儿园各部门之间的配合还存在盲点，管理层存在沟通不到位的问题。因此，在与幼儿园领导和相关部门负责人员沟通时，督学给出了如下建议：第一，管理工作要注重部门之间沟通的及时性、有效性；第二，根据存在的不足，继续完善制度及工作细则；第三，管理者要确保管理的有效实施，在层次上要注重细节，更加细致。

【案例二】在督导园所过程中，发现主要问题有：一是部分幼儿园规划、计划中存在着不能清晰准确地分析教职工队伍的优势与不足等问题，造成发展目标定位不契合教职工队伍实际状况，采取措施不具有针对性和可操作性；二是部分幼儿园存在着把其他园所的规划、计划拿来“照搬照抄”，使得这部分幼儿园不能立足自身分析队伍现状，并确定适宜的发展目标和有针对性的措施；三是个别幼儿园在队伍发展规划中只有面向干部、教师的内容，忽略了其他岗位教职工。督学在实际督导时，园所有涵盖各岗位人员的教职工队伍发展规划、计划即给2分，但在分享交流时要提出存在的具体问题，幼儿园要尽快整改。

34. 队伍建设目标明确，培养措施具体。(3 分)

评分细则：

【基本达到要求】有队伍建设目标，有明确的培养措施。(0～1 分)

【达到要求】队伍建设目标明确，符合办园理念和人才成长规律，培养措施具体、可行。(1～2 分)

【较好达到要求】高度重视教职工队伍建设，建设目标明确，符合办园理念和人才成长规律，培养措施具体、可行，与机构队伍发展实际紧密结合，针对性强。(2～3 分)

信息采集方式：

网上查阅资料

【案例一】在督导时，督学发现某些园所规划目标中，“提高教师队伍建设”包括师德、分层培养、专业能力提升三项内容，但在年度分解目标中只出现了师德方面的内容，其他两项未涉及。督学指出了该问题，并指导园所：规划的总目标要按照三年或五年的时间进行分解，逐步落实，即年度分解中一定要根据总目标的内容进行思考与实施，以高效达成总目标，促进园所更好地发展。

【案例二】在查看某幼儿园教职工队伍发展规划时，督学发现，某园教师队伍的分层培养目标中，骨干教师的培养目标比成熟期教师的培养目标还低。另一所幼儿园因教师流动性很大，教师队伍基本上是由教龄不足三年的教师组成，但该园在教师队伍的分层培养目标上，也参照其他园所，将教师分为职初期、成熟期、骨干期，与该园的实际不符。从整体发展看，教师队伍的成长具有一定的规律性，但是具体到每所幼儿园，教职工在思想观念、教育理念、实际操作能力、本岗从业经历等方面存在差异，同时园所文化也不同，使得各园队伍具有不同的特点。但很多幼儿园未从自身队伍发展特点入手，进行深入分析诊断，只看到队伍发展的普遍性规律，所以把别人的规划拿来直接套用或稍加修改，最终呈现的是一个大而同的队伍发展规划。正如上述案例中所描述的现象，园所应该根据自身队伍的现状，制定适合本园的有针对性的培养目标和计划，而不是直接套用、堆砌其他园所的队伍层级和目标。

35. ★专任教师继续教育学分达标。(3 分)

评分细则：

重视并落实教师继续教育工作，全体专任教师按照要求参加继续教育，

机构有教师继续教育的专项档案资料。(3 分)

信息采集方式:

网上查阅区教委继教部门出具的学分达标证明

参考依据:

《幼儿园园长专业标准(试行)》

【案例】在督导部分民办幼儿园时，较为常见的现象是：有个别专任教师不能提供继续教育学分。园方理解为老师刚应聘入职或是老师刚毕业来园，还没来得及参加继续教育培训。有的幼儿园则是因老师流动性太大，有时给教研室报上名单没多久，老师就已离职，所以园所未报名培训。有的园所是刚取得办园资质，园长及教师队伍流动非常频繁，对继续教育相关政策不了解，未落实继教工作。

终身学习是《幼儿园教师专业标准(试行)》中的四项基本理念之一，教师每年参加继续教育培训已成为幼儿园的常规工作。完成继续教育，也是参选骨干、职务评审工作的必备条件。部分民办幼儿园由于案例中所描述的原因，对此项工作重视不够。目前，全市各区都在进行教师继续教育工作，所以老师在市内工作调动，都可以将本人已经修完合格的继教学分进行转出或转入对接。即使有园内老师生育后休产假，也可以在接下来的学期内将学分修满。区继续教育办公室教务处每年定期通知各园所统计上报参加继续教育人员名单，进行学籍库变更。园所可根据需要随时与教务处联系。新入职的教师应该参加新教师培训，达到每学年修满学分的要求。

36. 注重为教职工提供学习与专业发展机会，重视各类教职工分类分层培养，将学习作为队伍专业发展、改进工作的重要途径。(4 分)

评分细则:

【基本达到要求】根据教职工基本情况分类分层，支持教职工参加学习培训，为不同发展阶段教职工提供发展机会。(0～1 分)

【达到要求】重视各类教职工分类分层培养，注重为全体教职工提供学习与专业发展机会，有一定的经费与时间保障，建立学习机制。(2～3 分)

【较好达到要求】高度重视全体教职工分类分层培养，学习机制健全，提供形式多样、内容丰富、贴近发展需求的学习培训，将学习作为队伍专业发展、改进工作的重要途径。(3～4 分)

信息采集方式：

现场查阅近三年的资料；园长、教职工访谈

参考依据：

《幼儿园工作规程》

37. 为教职工配备满足专业发展需求的教育教学资源。（4 分）

评分细则：

【基本达到要求】为教职工配备满足需求的教育教学资源。（0～2 分）

【达到要求】为教职工配备满足需求的教育教学资源，教职工充分利用教育教学资源。（2～3 分）

【较好达到要求】为教职工配备满足需求的教育教学资源并注重及时调整与更新，教育教学资源得到有效利用。（3～4 分）

信息采集方式：

实地查看各项资源及采购账目

补充说明：

· 本条考察的教育教学资源，是供教师学习使用的资源，既可以包括实体资料，如资料室、图书、期刊、用于教师培训学习的设备等，也可以包括网络资源，如上网设备、网上培训课程资源等。教育教学资源不包括直接面向幼儿的玩教具、教学设备等。

· 教职工是否有效利用，可以通过查看借阅记录、培训学习过程性记录等。

【案例】在督导某幼儿园时，图书放在凌乱、无法下脚的库房的两个书架上，书架上落满灰，很明显实际工作中没有人使用这些书籍。这一案例虽不多见，但在实际工作中，资料室内五大领域、主题教育、区域游戏、环境创设、活动案例、手工制作等图书虽分门别类地依次摆放整齐，但老师去翻看、借阅较少，其结果和案例中库房的书柜并无本质区别。老师借阅图书较少的原因，可能是忙于工作而无暇看书，也可能是对于资料室内众多的图书内容不了解，所以在遇到问题时不能及时找到所需书籍。还有一部分原因是：首先，园所未能根据阶段性保教工作重点或教师工作中的困惑，对本园图书资源进行筛选或补充更新，并为教师进行重点推介及导读。其次，园所在调动积极性、引导教师根据工作需要围绕专项内容收集各类资源的意识较为欠缺。

38. ★增强保教人员法治意识，严禁歧视、虐待、体罚和变相体罚等损害幼儿身心健康的行为。(3 分)

评分细则：

教职工各项行为符合国家和北京市相关要求，近 3 年内查实无违反师德的现象。(3 分)

信息采集方式：

与区教育行政部门核实

参考依据：

《幼儿园教师专业标准》

【案例】增强保教人员法治意识，要做到以下四点：

1. 法律法规，应知应会。教师首先要明确工作中要遵守的法律法规内容，从而规范日常教育行为，依法从教。例如：《中华人民共和国宪法》、《未成年人保护法》、2016 年《幼儿园工作规程》、2011 年 12 月《关于规范幼儿园保育教育工作防止和纠正“小学化”现象的通知》、2012 年 10 月《3～6 岁儿童学习与发展指南》、2012 年《幼儿园教师专业标准》、2018 年教育部关于印发《新时代幼儿园教师职业行为十项准则》、2018 年《中共中央　国务院关于学前教育深化改革规范发展的若干意见》，等等。

2. 建立制度，规范行为。建立健全师德师风建设机制，能更好地帮助团队落实工作，明确工作方向和具体责任，促进教师素养的提升。例如：学习制度、奖惩制度、评价制度、观摩制度、宣传制度等。

3. 立体培训，方式多样。通过不同方式的师德培训，使老师们不断加强法治意识，将理论内化于心，做到知行合一。例如：讲座、案例分析、师德辩论赛、师德演讲、榜样引领、家长大课堂、师德师风承诺等。

4. 做好评价，规范常态。师德评价既是方向也是引领，可以采用规范+常态的方式进行评价引领。例如：建立规范的教职工教育行为标准，建立评价机制，组建考评小组落实规范常态的评价管理，以问卷、视频、教育现场，自评、他评、小组评相结合的方式，促进教师队伍师德师风的良好发展。

39. 注重师德师风建设，有师德师风建设制度及机制。(2 分)

评分细则：

【基本达到要求】初步建立了师德师风建设制度。(0～0.5 分)

【达到要求】建立了师德师风建设制度及评价机制。(0.5～1 分)

【较好达到要求】建立了师德师风建设制度及评价机制，能利用多种途径对师德师风建设情况进行定期监督评价。（1～2分）

信息采集方式：

网上查阅三年资料（1. 师德师风建设制度；2. 三年内每学年的干部教职工队伍建设工作总结；3. 三年内每学年园务工作计划、总结）；园长、教师访谈

参考依据：

《中共中央　国务院关于学前教育深化改革规范发展的若干意见》

补充说明：

·"较好达到要求"指的是：是否有对应的考评机制，是否进行过程性评价，如采用评价表格（既可以进行专门的师德考评，也可以融入综合性考评中），可以采用自评、他评（包括教师、家长等）的方式。应做到至少一个学期考评一次。

40. 积极落实国家及北京市关于师德师风有关要求，开展师德师风建设活动。（3分）

评分细则：

【基本达到要求】能够开展师德师风教育活动。（0～1分）

【达到要求】注重结合队伍实际，开展有针对性的师德师风教育活动。（1～2分）

【较好达到要求】结合队伍实际，开展师德师风教育活动，形式多样，内容丰富。（2～3分）

信息采集方式：

现场查阅近三年的资料；园长、教师访谈

参考依据：

《中共中央　国务院关于学前教育深化改革规范发展的若干意见》

【案例一】在查看某幼儿园师德建设材料时，只涉及教职工师德规范、教职工学习师德先进人物等文章，看不到幼儿园师德建设过程性的记录，结合实地考察情况，认为该园师德建设有标准、有要求，但落地不够。师德建设活动开展得少，形式单一，没有真正起到激发教师热爱幼儿、树立正确的儿童观和教育观的作用。因此，在与幼儿园领导沟通时，督学指出：幼儿园的师德建设是管理的重中之重，管理者一定要重视，并要达到良好的效果。对

此，可以开展师德演讲活动、教育热点讨论、教育行为分析等活动，使教师真正领悟到师德的重要性，规范自身的保教行为，尊重、关心、热爱每一名幼儿。同时，在开展活动时，要注意随时留存痕迹，通过文字、影像等形式记录活动过程。

【案例二】《××幼儿园师德承诺书》

我认同《××幼儿园教师职业道德规范》，并承诺遵守以下内容：

一、关爱幼儿

1. 重视幼儿身心健康，将保护幼儿生命安全放在首位。

2. 平等对待每名幼儿，不论种族、民族、性别、家庭出身，对幼儿一视同仁。

3. 尊重幼儿人格，维护幼儿合法权益。

4. 尊重个体差异，关注特殊需求幼儿，主动了解和满足有益于幼儿身心发展的不同需求。

二、敬业爱岗

1. 学习与贯彻党和国家教育方针政策，遵守教育法律法规；热爱学前教育事业，具有职业理想和敬业精神。

2. 坚守岗位，尽职尽责，积极融入××幼儿园严谨求实、创新育人的文化氛围中，高质量地完成本职工作。

3. 认同幼儿教师的专业性和独特性，主动追求自身专业发展。

4. 大局为重，具有团队合作精神，与同事互助友爱，积极构建学习共同体。

三、专业育人

1. 实施科学保教，培育幼儿良好的学习品质与行为习惯，为幼儿一生的发展奠基。

2. 重视游戏和环境对幼儿发展的独特作用，以游戏为幼儿基本活动形式，创设富有教育意义的环境氛围。

3. 理解与尊重幼儿年龄特点和个性特点，以直接感知、实际操作、亲身体验作为幼儿最重要的学习方式。

4. 重视幼儿园、家庭和社区的合作，在与家长的有效沟通中营造尊重、平等、互助的氛围，共同支持幼儿全面和谐的发展。

四、为人师表

1. 富有爱心、责任心、耐心和细心，乐观向上、热情开朗、有亲和力。

2. 重视言传身教对幼儿发展的重要影响，善于自我调节身心状态，积极乐观，不断提升个人修养。

3. 衣着整洁得体，语言规范健康，举止文明礼貌，符合幼教工作特点和要求。

4. 严于律己、认真施教、不断学习、反思与进取，自觉提高专业化工作水平。

承诺人：

年　　月　　日

(五)财务管理(12 分、刚性 8 分)

41.★建立符合需求的财务、会计制度。(2 分)

评分细则：

根据《会计法》等国家有关法律、法规要求，财务管理制度健全，符合单位特点及日常管理需求。(2 分)

信息采集方式：

网上查阅资料；现场查阅资料

参考依据：

《幼儿园工作规程》

补充说明：

·查阅财务管理制度，主要包含以下内容：采购管理、资产管理、经费管理、专项资金管理、收退费管理、工资发放、支出管理、票据管理等。上述内容可以单独成文，亦可合并。

·幼儿园的分园、分址财务由上级管理的，上级管理部门需在督导评估当天提供财务状况相关资料，未提供者，本条不得分。

【案例】督学在核查某集团下属幼儿园的财务状况时，园长解释财务管理权在上级，无法提供财务状况相关资料。在督导时，提供相关材料是幼儿园的义务，不履行此项义务者，该项不得分。

42. 财务管理工作有序，账目清楚。(2 分)

评分细则：

【基本达到要求】基本做到独立核算，方法科学、流程规范、数据准确。(0～1 分)

【达到要求】做到独立核算，方法科学、流程规范、数据准确；建立了内控制度及审计机制。(1～2 分)

信息采集方式：

现场查阅资料

补充说明：

·可查看审计报告(上级审计或第三方审计)，也可查看账目。

·在查看审计报告的同时，也要查看账目、访谈了解具体的收费及管理情况，杜绝巧立名目收费、挪用资金用途的现象。

43.★执行收费项目和收费标准公示制度。(2分)

评分细则：

通过设立公示栏、公示牌、公示墙等形式，向社会公示收费项目、收费标准、收费依据、收费范围、计费单位、收费期限、投诉电话等相关内容。(2分)

信息采集方式：

实地查看

参考依据：

《幼儿园工作规程》《北京市幼儿园收费管理实施细则(试行)》

补充说明：

·公示栏、公示牌、公示墙需设置在幼儿园大门附近，方便家长和社会人士查看。

【案例】某幼儿园每个月都向家长收取200多元的"生活必需品"费用，经了解后发现，这笔经费用于购置办公用品、服装、家具等非幼儿生活必需品。这明显违反了"生活必需品"费用的使用规定，本条不得分，并督促幼儿园立即整改。

44.★膳食费专款专用，每月向家长公布账目。(2分)

评分细则：

建立幼儿膳食费专款专用制度；账目每月公布，每学期膳食收支盈亏不超过2%。组建有家长参与的膳食委员会，定期听取家长意见。(2分)

信息采集方式：

现场查阅资料及公示情况

参考依据：

《幼儿园工作规程》《托儿所、幼儿园卫生保健工作规范》

补充说明：

·现场查阅资料：幼儿膳食费专款专用制度、幼儿膳食费账目、膳食委员会会议记录等。

·查看幼儿膳食费每月账目公示栏，公示的地点设置于方便家长查看之处。

45.★建立资产管理制度。(2分)

评分细则：

结合机构实际情况制定资产管理制度，包含各部门分级财产管理制度、固定资产的相关制度；严格按要求编制固定资产预算、购置、验收入库、登记入账、领用发出到维修保养、处置、价值评估、产权登记、报表分析等各个环节的实物管理和财务核算。(2 分)

信息采集方式：

网上查阅资料

参考依据：

《幼儿园工作规程》

补充说明：

· 督导时可以现场抽查一次购买情况，审阅了解各个环节，以点带面地进行考察。

46. 账实相符，清楚有序。(2 分)

评分细则：

【达到要求】每年进行一次资产清查、以物对账、以账对物，做到账表相符、账账相符、账实相符，未有资产流失现象；严格登记制度，验收入库时所购物品、购物申请单、购物发票三者缺一不可，并登记账册。(0～2 分)

信息采集方式：

现场查阅资料

补充说明：

· 督导时可以随时抽查一个班组资产情况，查看是否账实相符，起到见微知著的作用。

(六)信息管理(5 分、刚性 5 分)

47. ★按照相关部门要求及时报送、更新儿童信息管理系统中机构与幼儿信息。(3 分)

评分细则：

每学年 9 月向北京市学前教育综合管理系统上报新入园的儿童信息；日常及时更新机构与儿童信息。(3 分)

信息采集方式：

与区教育行政部门核实

参考依据：

《中共中央　国务院关于学前教育深化改革规范发展的若干意见》《幼儿园

工作规程》

补充说明：

·本条指标仅指北京市学前教育综合管理系统，不包括卫生保健管理系统，也不涉及其他的信息管理系统。

48.★确保报送信息准确。(2分)

评分细则：

数据信息准确，上报信息有相应辅助资料支撑并留档保存。(2分)

信息采集方式：

现场查阅资料

补充说明：

·现场查阅资料，如幼儿数的准确性，可通过比对报送信息与托费收取人数、新入园和退园幼儿等相关材料，进行综合甄别。

二、卫生保健

卫生保健管理(60分、刚性60分)

49.★取得《北京市托幼机构卫生保健工作综合评价报告》评价“合格”(60分)

评分细则：

按照《托儿所幼儿园卫生保健管理办法》、《托儿所幼儿园卫生保健工作规范》、北京市卫生局和北京市教育委员会发布的《关于加强托幼机构卫生保健工作的通知》等要求开展日常保健工作，取得《北京市托幼机构卫生保健工作综合评价报告》评价“合格”。(60分)

信息采集方式：

网上查阅资料

参考依据：

《托儿所幼儿园卫生保健管理办法》、《托儿所幼儿园卫生保健工作规范》、北京市卫生局　北京市教育委员会《关于加强托幼机构卫生保健工作的通知》

补充说明：

·查看《北京市托幼机构卫生保健工作综合评价报告》是否评价“合格”，及报告的有效期。

·根据《北京市海淀区托幼机构卫生保健工作实地查看内容》进行实地查看，作为考察了解幼儿园在每轮督评工作中的进步或增值参考。

附：《北京市海淀区托幼机构卫生保健工作实地查看内容》

根据卫生部教育部第76号令《托儿所幼儿园卫生保健管理办法》、卫生部《关于印发〈托儿所幼儿园卫生保健工作规范〉的通知》（卫妇社发〔2012〕35号）、北京市卫生局北京市教育委员会《关于加强托幼机构卫生保健工作的通知》，以及北京市教育委员会北京市人民政府教育督导室《关于印发〈北京市幼儿园办园质量督导评估办法（试行）〉的通知》（京教学前〔2019〕1号），特在我区幼儿园办园质量督导评估中增加实地查看卫生保健工作内容，以不断规范幼儿园的卫生保健工作，促进幼儿身心健康发展。

实地查看卫生保健工作包括五部分内容：制度与计划总结、儿童健康、传染病管理、膳食管理、健康教育与儿童护理，共计10分，本部分分数不纳入督评分数，仅作为考察了解幼儿园在每轮督评工作中的进步或增值参考。

北京市海淀区托幼机构卫生保健工作实地查看标准：

项目	分值	具体内容	评分细则	考察方式	存在问题	得分
一、制度与计划总结	2	卫生保健制度齐全，科学合理，可操作性强，符合市区卫生保健工作要求并规范执行；年工作计划有重点，措施具体，内容全面，年工作总结与计划相符，对下一步工作开展有指导意义。	有齐全的制度0.5分，合理、可操作性强，0.5分；有计划总结0.5分，计划与总结呼应0.3分，指导下一步工作开展0.2分。	查阅资料		
二、儿童健康	3	儿童健康指标（体格发育增长合格率、超重率，肥胖率、新龋率、视力不良率）和管理指标（口腔龋齿矫治率、视力不良矫治率、超重管理有效率、肥胖管理有效率，体质测试优良率及不及格率）符合市区级工作要求。	健康指标1分，其中每个监测指标0.2分；管理指标1分，其中每个监测管理指标0.2分；无重大伤害事故和传染病暴发0.5分，体检、体测分析指导各0.25分。	查阅资料		

续表

项目	分值	具体内容	评分细则	考察方式	存在问题	得分
二、儿童健康	3	视力不良矫治率、超重管理有效率、肥胖管理有效率、体质测试优良率高于海淀区平均水平，体质测试不合格率低于海淀区平均水平。无重大伤害事故和传染病暴发，体检和体质测试数据分析指导日常工作开展。				
三、传染病管理	2	园所有效开展幼儿晨检及全日健康观察，做好缺勤儿童追踪工作，认真落实卫生消毒和疫源地处理工作。	做好晨午检 0.5 分，缺勤追踪 0.5 分，卫生管理 0.5 分，消毒与疫源地处理 0.5 分。	查看现场，查阅资料		
四、膳食管理	2	食堂环境整洁，设施完善，餐具消毒符合要求，使用前无污染。食品进货渠道正规，食品管理符合要求，按规定做食品留样。幼儿伙食实行计划膳食，饮食结构合理，膳食管理规范，成人与儿童膳食要严格分开。	查看食堂环境及设施 0.2 分，消毒及使用 0.2 分，进货 0.2 分，出入库食品管理 0.2 分，留样 0.2 分。查看近一年营养计算资料、饮食结构与搭配 0.5 分，成人与儿童分开 0.5 分。	食堂现场查看及查阅资料		
五、健康教育与儿童护理	1	创设丰富的健康教育环境，取得良好效果，图书配备合格；为儿童提供良好生活护理，物品摆放合理有序。	健康教育环境和图书配备 0.2 分，帮助儿童良好习惯养成 0.3 分，儿童护理 0.3 分，物品摆放 0.2 分。	查看现场		

三、保教管理

（一）日常管理（20 分、刚性 5 分）

50. ★建立幼儿一日生活常规、保教人员工作规范以及保教管理工作制

度。(5分)

评分细则：

建立幼儿一日生活常规、保教人员一日工作流程及规范、保教管理制度。(5分)

信息采集方式：

网上查阅资料

参考依据：

《幼儿园教育指导纲要(试行)》《幼儿园工作规程》

补充说明：

· 保教管理制度应涉及保教工作的全方面，如：幼儿作息安排时间表、交接班、园本教研、教师培训、保教评价、幼儿发展情况报告、业务档案、家长联系与家园共育等方面的内容。

· 每一项工作制度不必为单独的制度，只要在现有制度文本中包含了相关内容，做出了制度性的规定即可。

51. 在日常各项保教工作中能从幼儿需求出发落实各项要求。(8分)

评分细则：

【基本达到要求】一日生活安排科学合理，注重规范保教工作。根据保教工作制度制订保教工作计划。(0～3分)

【达到要求】一日生活安排科学合理，注重规范保教工作。根据保教工作制度，从幼儿需求出发，制订并落实各层级保教工作计划。(3～5分)

【较好达到要求】一日生活安排科学合理，注重规范保教工作。根据保教工作制度，从幼儿需求出发，制订并落实各层级保教工作计划，并能根据实际需求做出适宜调整。(5～8分)

信息采集方式：

现场查阅一学年资料；现场观察

补充说明：

· 查阅保教工作制度、保教工作计划及总结、幼儿发展状况的整体分析等资料。

· 通过查阅制度，了解一日生活安排是否科学合理，能否根据季节变化合理安排生活环节、游戏和各类活动时间，作息制度能否体现动静交替原则。科学合理安排的具体要求为：正餐间隔时间为3.5～4小时，午睡时间2～2.5

小时，户外活动每天不少于 2 小时等。

・通过查阅保教计划和幼儿发展状况的整体分析，一是了解各层级保教工作计划之间的联系，包括横向联系和纵向联系，横向联系为保教计划与教研计划、卫生保健计划之间是否相关，而不是互相脱节；纵向联系为上能对接到全园计划，下能落实到班级计划，层级落实分明。二是了解保教工作中是否体现出对本园、本班幼儿发展状况的研判。全园计划、班级计划中是否有对幼儿的现状分析，发现的优势与不足，并针对分析有相应的措施计划等。

・现场观察一日生活安排是否落实了园所制度，尤其要看是否符合幼儿园和各年龄班的实际情况。例如，户外场地较远、准备时间过长占用了实际的户外活动时间则不够合理。同时，重点关注现行的制度和实际工作是否适宜、是否符合实际。

52. 日常管理工作能切实促进各项保教工作提升。(7 分)

评分细则：

【基本达到要求】幼儿一日生活有序，保教工作规范。(0～2 分)

【达到要求】幼儿一日生活自然有序，各岗位人员分工明确，保教工作规范流畅。(2～4 分)

【较好达到要求】幼儿一日生活自主有序，各岗位人员分工明确，协调配合，保教工作高效运转。(4～7 分)

信息采集方式：

现场观察

补充说明：

・本条标准中涉及评价幼儿表现时，应注意督导的日期(如刚开学阶段，还是开学一段时间之后的阶段)，并注意结合幼儿年龄特点。

・幼儿表现：1. 自然有序。在现有的合理常规之下，教师带领幼儿开展活动的整个过程流畅，教师和孩子了解常规，幼儿可以在教师的适当提示下自然地进行各项活动，没有忙乱或不知所措。2. 自主有序。幼儿拥有自主管理自己的机会，具备一定的自主能力，能自主进行各项活动，教师能适度帮助，班级呈现有序状态。

・教师之间既分工明确，又配合默契。

【案例一】小班幼儿入园 2 个月后，大部分幼儿可做到情绪稳定。部分幼儿园能根据家长需要让幼儿提前入园，有些幼儿 8 月份入园，10 月份时已经可以比较好地适应幼儿园生活了。

【案例二】某幼儿园小班，在加餐环节，洗手后七八名幼儿的袖子湿了，三位教师全部来帮助幼儿换衣服，此时无教师照顾班中其他幼儿。虽然该园有相关制度，但是主配班教师之间配合不到位，影响了班级日常保教工作。

(二)教研工作(12分、刚性2分)

53.★建立教研制度。(2分)

评分细则：

建立园本教研制度，教研工作有专人负责。(2分)

信息采集方式：

网上查阅资料

补充说明：

· 需要基于本园的实际情况，建立符合本园实际的园本教研制度。

【案例一】教研制度如何发挥效果？

某幼儿园的教研制度对保教工作的指导非常有效，究其原因，主要做到了以下四点：一是定岗定责。该园设立了园长、保教主任、教研组长三级管理模式，确保教研渠道畅通；园长负责指导、提供支持、检查和评价工作，保教主任拟订教研计划、组织开展教研活动，教研组长协调组织、整理资料。人员定岗，责任明晰。二是制定规则。确定参与对象、召开频次和时间、参与准备、教研形式、主持人等。三是结果呈现。即预设教研成果，如“每学期教师需提供一篇与幼儿园科研课题有关的教育活动教案或总结等”。四是纳入考核标准。保教主任根据教师参与教研活动的出勤情况和质量，对教师的教研工作进行评价，并纳入幼儿园的教师管理工作。

这项教研制度较为规范，对教研活动的执行者、参与者具有明确的指导性和约束性，明确了“做什么”“怎么做”的问题。除此之外，制度建设还应具有激励性。这项教研制度虽然指明教研活动的质量会纳入幼儿园教师管理工作，但是没有说明优秀参与者会享受哪些优惠政策，例如：优秀参与教师在考核或职称评定时可加分等。建议幼儿园补充到制度中。

【案例二】教研制度应体现哪些要求？

有效的教研制度可以保障教研活动的顺利开展，主要体现在三个方面。一是组织机制上，园本教研的每个工作环节，都需要责任到人、分工明确。

从园长、业务园长(主任)到教研组长的"管理梯队"要明确。二是时间机制上,园本教研活动的时间要有所保障,并形成机制。在进行规划时,业务管理者要确定好教研活动的时间,可以隔周进行,也可以根据园所情况集中时段进行。否则,园本教研活动很可能因为其他事务性活动被挤占。三是经费保障。园所在有条件的前提下,为配合教研活动预留专项经费,用于购买相关书籍、资料以及邀请专家指导等。除了以上三方面"硬机制"的保障,园本教研的顺利开展还离不开明确的计划、有力的执行、民主而积极的学习氛围等"软机制"的保驾护航。

【案例三】如何做到教研工作专人负责?

北京市《关于进一步加强北京市学前教育教研工作的指导性意见》中,明确了业务园长(保教主任)、教研组长的园本教研工作职责(见下表)。业务园长负责园本教研的整体统筹安排、组织协调,工作重点在"引领"与"队伍建设"两方面。教研组长是教研活动负责人,工作重点在"活动实施""教研氛围营造""示范作用"等具体层面。

岗位	职责
业务园长(保教主任)	1. 根据区(县)教研室的统一工作部署,结合幼儿园日常保教工作中存在的主要问题,制订全园教研工作计划并做出教研工作总结。
	2. 组建教研组织,指导教研组长制订教研组计划、开展教研活动,确保教研活动达到提高教育质量和促进教师专业发展的目的。
	3. 围绕园内教研专题收集和选择丰富、有效的资料,指导教师进行理论联系实际的学习。
	4. 定期深入教研组参加教研活动,了解情况,发挥专业引领作用。
	5. 组织全园性的教研工作交流,培养骨干教师和专业引领者,确保他们在园内发挥示范带头作用。
教研组长	1. 根据全园教研工作计划和研究总课题,制订本组的教研活动计划和研究的子课题计划,并具体执行,做好工作总结和专题总结。
	2. 营造民主、平等、合作、创新的研究氛围,使教师在保教工作中的困惑问题及时得以解决。
	3. 充分发挥教研组成员的主体性,同时在学习、研讨、观摩等多种形式的教研活动中发挥引领作用。
	4. 设计好每次教研活动,做好教研活动记录,收集、整理、保存好有关档案和教案等资料。

续表

岗位	职责
教研组长	5. 注重本组成员在教研过程中的参与、反思和实践行动，指导本组成员写好个人专题总结。
	6. 定期向业务园长汇报本组教研活动情况。

54. 根据实际确定教研专题，定期开展有一定质量的教研活动。(5 分)

评分细则：

【基本达到要求】有教研工作计划，每学期不少于 8 次教研活动，保证所有教师参与教研活动。(0～1 分)

【达到要求】有教研工作计划，每学期不少于 8 次教研活动，保教人员积极参与教研活动，有研究意识。教研主题基于保教工作需要，教研过程性资料翔实具体。(1～3 分)

【较好达到要求】有教研工作计划，每学期不少于 8 次教研活动，保教人员能够积极参与教研活动，教研主题基于保教工作需要，研究实际问题，教研过程性资料翔实具体，有研究性。(3～5 分)

信息采集方式：

现场查阅一学年的资料

补充说明：

• 现场查阅的资料：教研工作计划、教研工作总结、教研过程性资料等。

• “教研活动”指集中的活动，而非班级内部的教研。

• “所有教师”指专任教师，不包括保育员。但是，在与保育有关的主题教研中，在条件允许时应鼓励保育人员参加。

• “有研究意识”是指，教研主题是否来自于实际工作，是否能对实际问题进行分析研判，并在教研中及时研讨；通过查阅教研的过程性记录，衡量教师是否能够结合问题进行真正的研讨，体现出教师们的思考；教研后是否有分析、反思、调整，保障下一次教研的实效性。

• “教研过程性资料翔实具体”是指，园长、业务管理者和教师参与教研均有相应的记录，教师能够结合问题进行真正的研讨，体现教师思考和业务管理者的专业引领。

【案例一】在某幼儿园督导过程中，督学发现该园的教研工作具有以下优点：从人员架构上看，人员相对完整，有专人负责。从材料上看，常规性材料较齐全。但是，浏览教研记录中的教研内容时却发现教研的实效性不强。例如：教研计划中教研主题不明确，具体研究点不清晰，造成研究过程产生偏差或难以深入和持续。在教研组织和实施中，每位教师都发言，但是相互交流碰撞很少，管理者不能及时有效地跟进、引领和提升。以上问题反映出业务管理者对当前保教质量提升的关键点认识不清晰，对教师原有经验和发展需求判断不准确，对教师的预期发展缺乏思考，更重要的是业务管理者自身专业引领不足。建议该园：1. 制定教研内容要充分关注教师实践中的需要，找准问题。2. 要注重每次活动的设计，突出对过程引领的思考。3. 对教师经验的获得与提升应给予关注和反思。

【案例二】在督导过程中，督学发现在教研工作方面经常存在如下的一些问题：1. 一些新任的园长混淆教研与培训，错将研讨问题当成理论学习。督学查看教研资料时没有发现过程性的研讨记录。2. 一些园所将参与的科研项目与教研工作相混淆，没有认识到教研的本质是解决本园教师教学实践困惑，促进保教质量提升。3. 某些业务园长担任多个职务，如招生办主任、园长办公室主任等，其工作繁忙，无暇顾及教研活动，记录存在编凑现象。4. 教研活动重数量、轻质量，如某园八次教研活动主题均不统一，没有体现研究的专业性、研究性和连续性。

55. 教研工作实效性强，教研活动能促进教师专业成长和保教质量持续提升。(5 分)

评分细则：

【基本达到要求】教研活动能够解决日常工作中遇到的问题和困惑。(0～2 分)

【达到要求】教研活动能够解决日常工作中遇到的问题和困惑，注重教研成果的实际运用，教研、保教紧密结合。(2～3 分)

【较好达到要求】教研活动能够解决日常工作中遇到的问题和困惑，注重教研成果的实际运用，教研、保教紧密结合，教研成果体现在实际工作中。近 3 年来的研究成果在本区乃至全市有一定影响，有推广和使用价值。(3～5 分)

信息采集方式：

现场查阅一学年的资料；现场观察

补充说明：

·重点考察现场保教活动过程，关注教研成果是否真正转化成教师的行为，落实到保教工作实践中。

·"研究成果"是指本园的教师发表的论文、著作，以及在市或区层面进行的公开展示等，并有相应的证明材料。

【案例一】在督导某幼儿园过程中，督学访谈教师本学期的教研主题时，教师A说本学期的主题是社会性—品德发展，教师B说是语言—口语发展，教师们的回答均与教研计划不一致，说明教师们不了解本学期的教研重点，反映出教研工作实效性不强。

【案例二】某园教研活动实效性不高，具体表现在以下几个方面：1. 教研思路不清晰。如让教师读一些网络、杂志文章，没有结合本园实际情况进行深入交流，无法达到启发教师的目的；2. 教研活动组织纪律松散。教师迟到早退现象时有发生，与教研无关话题占比较高，导致教研任务无法按时完成。3. 轻视教案的研磨过程，集体备课走形式，把教学活动当成是完成任务，而失去研磨备课的意义。观摩活动结束后，仅让少数几位年轻教师进行简单评课，没有引领和提升作用。上述做法使教研工作的实效性大打折扣，重展示、轻研究，缺乏问题意识；重模仿、轻参与，只关注表面，忽略了实践问题的解决，这都是不可取的。

(三)业务支持(8分、刚性2分)

56.★建立园长深入班级指导保育教育活动制度；园长深入班级，每周不少于6—8小时，业务园长每周不少于16小时。(2分)

评分细则：

建立了园长、业务园长(保教主任)深入班级指导保育教育活动制度；园长、业务园长(保教主任)深入班级指导时间达到要求。(2分)

信息采集方式：

网上查阅资料(指导制度)；现场查阅资料

参考依据：

《幼儿园园长专业标准》

补充说明：

·园长、业务园长(保教主任)深入班级指导要符合区里的规定(园长每周

2 篇记录、业务园长每周 4 篇记录）。

·从查班记录中看深入班级指导的时间是否达到要求。

57. 园长、业务园长能结合深入班级情况在日常保教、教研等工作中给予支持与指导。(6 分)

评分细则：

【基本达到要求】园长、业务园长（保教主任）能够深入班级并给予适当指导。(0～2 分)

【达到要求】园长、业务园长（保教主任）在深入班级过程中能够发现并解决问题，关注的视角比较全面。(2～4 分)

【较好达到要求】园长、业务园长（保教主任）针对日常保教、教研等工作的引领与支持能体现持续性与专业性。(4～6 分)

信息采集方式：

现场查阅三学年的资料

补充说明：

·深入班级指导内容应当全面，涵盖各项工作，多个岗位，多个环节，多种活动，指导教师的多方面能力发展。并且要与学期工作计划的重点一致，要能够根据不同时间段的突出问题、保教工作的重点，做出有针对性的安排。

·注重持续性的引领与支持，如对同一个班级（教师）或同一类问题，要有后续的跟进和追踪。

·指导的专业性可以通过实地考察、园长和业务园长（保教主任）深入班级的记录，以及教职工访谈等方式了解，如园长、业务园长（保教主任）能否从表面现象看到深层次的问题，进行综合的分析，并给予针对性的指导。

【案例一】某幼儿园保教工作重点是班级区域活动的改进和完善，但在业务园长深入班级指导记录中，虽涵盖了多项工作，如集体教学活动、午睡、新生情绪等，但没有突显对区域活动的检查与指导。深入班级指导工作不仅要全面，更要根据不同时间段的突出问题、保教工作的重点，进行有针对性的指导。

【案例二】某园保教工作计划和教研活动研究专题都提到：“幼儿区域游戏材料投放和指导策略的研究”。当督学查阅一学期深入班级指导记录时发现，虽有关于区域游戏材料投放问题的观察、指导、反馈，但缺少对全园各年龄班的指导，以及对班级材料投放实践效果跟进和追踪。如小班美工区仅为幼儿提供16开的绘画纸张；中班美术区只投放半成品图画轮廓供幼儿涂色或添画等。这些忽视不同年龄段幼儿绘画发展特征的现象，在管理者指导记录中，只记录了问题，却没有和教师共同分析对策，管理者不能为教师提出切实可行的建议和策略，对教师教育能力的提升起不到支持和引领作用。为了提升深入班级指导质量，提出以下几点建议：1. 制订月、周深入班级指导计划，有目的地进行指导。让自己清楚每个阶段深入班级要关注什么、怎么关注、以及如何解决存在的问题。2. 针对深入班级指导后发现的问题，采取不同的指导方式，如普遍巡视、薄弱环节蹲班指导、重点问题的跟进指导等，使指导更聚焦于重点工作或亟待解决的问题。3. 将深入班级指导中突出的、具有共性的问题，与教师的专业培训和教研对接，有追踪、有指导策略地递进，进而提升深入班级指导的全面性、持续性、实效性和专业性。

四、安全管理

（一）安全制度（5分、刚性3分）

58. ★建立安全责任制度、家长接送、日常巡查记录、出入登记、安全隐患排查等安全管理制度。（2分）

评分细则：

建立安全责任制度、家长接送、日常巡查记录、出入登记、安全隐患排查等安全管理制度。每缺1项，扣0.2分，扣完为止。（2分）

信息采集方式：

网上查阅资料

参考依据：

《中共中央　国务院关于学前教育深化改革规范发展的若干意见》《幼儿园工作规程》《北京市中小学幼儿园平安校园建设标准（试行）》

补充说明：

·安全管理制度除“评分细则”中涉及的制度外，还包括：食堂安全管理制度、饮食卫生管理制度、用水用电用气等设施设备安全管理制度、消防安全制度、门卫管理制度等，以及其他根据本园实际情况必须设立的制度。每缺1项，扣0.2分，扣完为止。

·每项制度可独立，也可与别的制度合并，体现出该内容即可。

【案例一】在督导某幼儿园时，督学发现该园存在门卫室(在教学楼内)设置不合理、未落实外来人员登记制度等问题。在督学与园所负责人的交流中，了解到幼儿园经费非常困难，短期内无资金筹建门卫室。安全是幼儿园工作的底线，为了确保幼儿在园安全，教委明确规定幼儿园实施封闭式管理，严格落实访客登记制度。任何困难都不能成为不实施封闭式校园管理的理由。在督导后，督学及时指导园长建立了门卫管理补充制度，制定了管理人员值班表，设计了符合园所实际的外来人员登记表，真正做到封闭式校园管理的要求。

【案例二】在督导时，督学发现一些园所安全制度存在的主要问题有：一是制度与实际工作不符。如某园的家长接送制度定为“接送幼儿入园或离园时，原则上由父母、祖父母、外祖父母亲自接送，家长在园内逗留不能超过10分钟”，而实际工作中园所实行的是家长在园门口接送孩子，并未允许入园。二是制度与相关政策不符。如某园对食品留样重量的规定未按市级食品监督部门的要求及时更新。三是对制度的认识存在偏差，部分制度不健全。如某园将“家长接送、日常巡查、出入登记”理解为只要有登记即可，而实际上对各项工作都应有相应的制度保障。四是制度可操作性不强，不能保证有效实施。如某园安全隐患排查制度表述为“幼儿园定期进行安全隐患的排查，强化整改措施，加强对师生的安全教育”，此表述比较泛化，对于“安全隐患的排查”具体多长时间排查及如何排查都未提及，故不能保证有效实施。

59.★各项安全管理制度有落实、有记录。(1分)

评分细则：

层层落实安全责任制度，日常巡查有记录、出入有登记、安全隐患排查有记录等。(1分)

信息采集方式：

对照已上传制度，现场查阅近三年的记录

补充说明：

·巡查、登记、安全隐患排查都需要有对应的检查表格，查看记录是否完整、规范。

·层层签订《安全责任书》，内容要根据不同岗位有所区别，切合实际。

【案例一】在督导某幼儿园时，督学发现以下问题：一是全体教职工虽签订了《安全责任书》，但内容是一样的，未按照岗位逐层签订，致使责任不清晰，制度不能落实。二是日常巡查、家长接送、出入登记、安全隐患排查等记录，在时间、频率、记录人及管理人与工作制度内容不一致。三是登记表内容不完善，记录不全。

【案例二】督导某幼儿园查看食堂，食堂门大开，操作间无人；食品库房货架上放置部分散装食品，没有生产日期、保质期、生产厂商等标识；库房窗户、防盗护栏破损，从外面能直接进入库房；消毒用品随地放置。督学在查阅与安全相关的文档资料时，发现园所相关制度、责任书、消防检查维修等管理不规范。在查看幼儿园周边环境时发现，幼儿园门口道路狭窄，机动车停放混乱，存在安全隐患。据此，督学对幼儿园提出三点建议：1. 狠抓食堂食品安全管理工作：(1)食品采购严格按验收登记、准入制度建立台账，并且与商家签订规范有效的供货协议书，严格索证索票，实现幼儿园食堂食品源头可溯、全程可控、风险可防、责任可究，确保食品“优质、安全”。(2)每学期开学前，对幼儿园食堂负责人、食品安全管理员和食堂从业人员进行集中培训，重点就食品采购、贮存、加工制作、清洗消毒等方面进行全面讲解，同时正确引导幼儿园食堂从业人员树立良好的职业道德和社会责任意识，做到诚信守法，规范经营，自觉接受师生、家长和园所监管。(3)明确管理职责，健全幼儿园食品安全各项管理制度。尤其是后勤干部、保健医要加强巡视与监管。(4)大米、面、盐、调料等易存放的食物和调料，用货柜分开摆放(主、副食分开，食品与非食品分开)；距墙面 10 厘米，离地面 15 厘米，有明显标志；保持库房通风，确保食物储藏质量。(5)对破损窗户、护栏立即修缮。(6)在精加工过程中要坚持动物性食品和植物性食品分开操作，做到生熟分开，使用工具分开，加工后的原料、半成品、成品存放分开，保持清洁，无交叉污染。(7)食堂人员上班时一律穿戴整齐统一，不留长指甲，不戴耳环、戒指进行操作，上厕所要求更换工作服，便后洗手消毒。2. 注重对各项制度、责任书的落实，加强对消防设施检查维修等规范管理。3. 建议与城管交通部门密切沟通，对幼儿园周边环境进行整治，保证幼儿园周边安全。总之，幼儿园领导一定要重视安全管理工作，做到层层有人抓，处处有人管，目标明确，责任到人，确保每一位幼儿健康、快乐成长。

60. 安全管理制度科学、有效，能切实发挥作用。(2 分)

评分细则：

【基本达到要求】各项安全管理制度符合国家及北京市相关要求。(0～0.5 分)

【达到要求】各项安全管理制度符合国家及北京市相关要求，并能结合机构实际，具有针对性。(0.5～1 分)

【较好达到要求】各项安全管理制度符合国家及北京市相关要求，并能结合机构实际，具有针对性，操作性强。(1～2 分)

信息采集方式：

对照已上传制度，实地检验成效

补充说明：

·重点从工作实际出发，查看与各项制度对应的实际情况，包括：各岗位的安全责任书、巡查记录、出入登记、家长接送记录和各项安全检查记录(消防、治安、食堂、设施设备等)。

【案例一】在督导某幼儿园时，该园虽然制定了安全管理制度，但是仔细考察其内容，发现与园所结构和管理者不相符合，明显是套用了其他幼儿园制度的模板。安全管理制度必须有效、切实发挥作用。对于上述安全制度与实际工作两张皮的现象，扣 2 分。

【案例二】对于每项制度或规定，幼儿园需清楚其背后的具体原因，才能采取适宜的措施，并得到有效落实。如在督导某幼儿园时，督学发现幼儿园走廊楼梯的栏杆高度尺寸符合 2016 年《北京市托幼机构卫生保健工作常规》规定：栏杆距地面高度不应低于 1.1 米。但是，栏杆下方有横杆，中大班儿童容易攀登，存在安全隐患。督学建议在楼梯的横栏位置做防护网，解决此安全隐患。再如督学对某幼儿园进行第一次督导时，发现开水间没有上锁，存在安全隐患。督学提出了立即加锁的整改意见，园所高度重视，及时在开水间门上加了锁。第二次督导该园时，督学发现幼儿园确实在开水间加了锁，但由于集中打水时间段需要反复开门、锁门，有的老师认为过于烦琐，便不再锁门，锁也就形同虚设了。于是，督学又建议园长在开水间大门上方，幼儿够不到的地方增加插销，既让教师可以方便地开关门，又避免了幼儿不小心开门的安全隐患。

【案例三】《北京市托幼机构卫生保健工作常规》中规定：儿童在磨牙未完

全萌出前，不应给整粒的瓜子、花生等食物。在督导某园过程中，园所非常清楚此规定，食谱中从不提供此类食物，但在小班娃娃家活动区中，教师给幼儿提供“熟花生”等真实材料供幼儿做游戏，孩子们玩得很开心。但小班幼儿年龄较小，很难控制自己不去品尝花生。为防止发生意外事故，督学建议园所结合当天食谱提供安全的食材，如娃娃菜、花菜等。

(二)设施管理(6分、刚性6分)

61.★ 注重设施日常维护与管理。(3分)

评分细则：

按要求定期对物防、技防设施设备进行检查和维护，保证物防、技防设施设备能正常使用。(3分)

信息采集方式：

现场查阅近三年的资料；实地查看

补充说明：

·主要检查物防(钢叉、盾牌、防刺手套等)、技防(监控、一键报警等)设施设备以及维护和维修记录等。

·实地查看专管人员现场操作，询问专管人员如何进行日常检查、维护和维修。

【案例】在督导过程中，督学发现以下问题：一是有些园所没有设施设备维修、检查记录，询问负责人也不知道如何维护和检查。二是物防设备存放分散，影响使用效率。三是缺乏对技防设施设备的日常检查和维护，园所负责监控设备人员对监控系统操作不熟练，无法及时调出所需要的监控视频画面，不知道摄像头损坏时间等。对于存在以上问题的幼儿园，本项不得分。

62.★安防监控系统有专人管理，视频记录应保存30天，并定期查看。(3分)

评分细则：

建立安防监控系统管理制度，专人管理，定时巡视，定期查看，视频记录保存30天。(3分)

信息采集方式：

现场查阅资料；实地查看

参考依据：

《北京市中小学幼儿园平安校园建设标准(试行)》

补充说明：

·现场查阅资料：安防监控系统管理制度，安防监控系统巡视检查记录、维护维修记录等。

·到监控室查看监控系统，请园内负责监控管理的工作人员现场操作，查看是否能顺利地操作系统，以此检查安防监控系统是否有专人管理。

·实地查看所有监控屏幕是否有遮挡、是否有黑屏，随机挑选日期核验保存时间是否符合要求。

【案例】在督导某幼儿园的过程中，督学查阅了“监控查看记录表”，此表填写及时，近期记录表显示监控运行正常。但在实地查看监控室时，发现两块屏幕黑屏，监控图像名称显示为某班活动室。园内陪同人员反映：“这两个监控头昨天刚坏，已经联系了维修人员，明天过来维修!”后来抽查视频历史记录时，发现这两个监控头早已损坏。督学让园内负责监控管理的工作人员操作监控系统，该工作人员操作几分钟后，仍未调出历史图像。督学随后指导该工作人员进行操作，看到视频图像保存不足30天。另外，有一个班级的装饰物遮挡了摄像头，致使监控画面不全。从以上问题可以看出，园内虽然有较完善的监控查看记录，但是与实际工作不符，说明幼儿园对此工作不重视，并隐瞒事实，需马上整改，扣3分。

(三)安全教育(5分、刚性2分)

63.★重视安全教育工作，有安全教育工作计划。(2分)

评分细则：

重视安全教育工作，有单独安全教育工作计划或将安全教育纳入机构工作计划中。(2分)

信息采集方式：

网上查阅近三年的资料

参考依据：

《中共中央　国务院关于学前教育深化改革规范发展的若干意见》《北京市中小学幼儿园平安校园建设标准(试行)》

补充说明：

· 查看园所安全教育计划是否切合本园实际，了解可操作性程度。

· 可通过访谈园领导或教职工进一步了解安全教育情况。

64. 有计划地对全体幼儿及教职工开展多种形式的安全教育活动。(3 分)

评分细则：

【基本达到要求】对全体幼儿和教职工开展安全教育活动。(0～1 分)

【达到要求】有计划、有针对性地对全体幼儿和教职工开展安全教育活动。(1～2 分)

【较好达到要求】有计划、有针对性地对全体幼儿及教职工开展多种形式的安全教育活动。(2～3 分)

信息采集方式：

现场查阅近三年的活动资料

【案例】在督导某幼儿园过程中，园内有切合园所实际的安全教育工作计划，并按照计划有针对性地对全园幼儿及教职工开展了丰富多彩的安全教育活动。如幼儿"每月安全主题教育"活动，以安全课、情景剧、绘本故事、演习、安全教育墙饰等形式进行；对教职工和家长通过讲座、安全演练、安全宣传册、宣传栏、网络平台等形式进行安全教育。经查阅该园每月都有不同形式、不同人群的教育活动，过程性资料清晰、翔实，活动形式多样，活动有方案、有小结，内容涵盖全面(涉及防震、防火、防拐、防暴、食品安全等)。经访谈幼儿及教职工安全知识知晓度较高，故得满分。

(四)应急管理(4 分、刚性 1 分)

65. ★ 制定防火、防震、防暴等安全应急预案。(1 分)

评分细则：

制定防火、防震、防暴防恐、防自然灾害、防意外伤害、防食物中毒等安全应急预案，明确分工和处置程序。(1 分)

信息采集方式：

网上查阅资料(防火、防震、防爆安全应急预案)

【案例】在督导过程中，重点查阅安全应急预案是否齐全，预案中是否有"明确分工和处置程序"，以及安全应急预案是否有可操作性和实效性，能不能真正起到"应急"的作用。预案具体内容包括事前、事中、事后各相关部门和人员的职责分工、应急处置流程——事故报告的程序、方式、内容，应急救援的措施，应急演习的组织与实施等。

66. 定期实施防火、防震、防暴等安全演练活动，指导教职工正确应对和妥善处置各类突发事件。(2分)

评分细则：

【基本达到要求】每季度有针对性地开展防火、防震、防暴等安全演练活动。(0～1分)

【达到要求】每季度有针对性地开展防火、防震、防暴等安全演练活动，安全演练活动参与度高，演练效果较好。(1～2分)

信息采集方式：

现场查阅近三年的资料

补充说明：

· 每个季度涉及防火、防震、防暴其中一类即可得分，近三年演练类别应涵盖至少三种。

· 重点关注演练的实效性，了解园所领导、安全负责人及教职工对安全应对程序的掌握情况。

【案例】在督导某幼儿园的过程中，园所提供了安全演练计划、方案、过程性照片、活动小结、信息平台交流、演习体会等文档资料。同时，督学实地访谈了园领导和教职工关于园内安全演练的开展情况，以及演练中的逃生路线和保护幼儿的措施。经过查看资料和实地访谈，了解到该园每月都开展不同主题的安全演练，并且文档资料齐全，过程性资料清晰，教职工及幼儿都能说出演练的有关问题，可以得满分。

67. 应急管理工作成效良好，幼儿及教职工能掌握一定的应急逃生知识及技能。(1分)

评分细则：

教职工基本知晓应急流程、逃生路线、报警电话、保护幼儿方法、基本急救方法；幼儿基本能够知晓逃生路线和自我保护办法。(0～1分)

信息采集方式：

教职工访谈、幼儿随机询问

补充说明：

· 实地查看园所环境中有关安全应急事件的责任分工、流程图、标志标识等是否清晰明确。

【案例】在督导某幼儿园的过程中，该园地下一层设置了幼儿食堂、教职工餐厅、活动场地，该园时常在地下一层活动场地组织教职工会、家长会、幼儿活动等，此处安全警示标识张贴清楚，陪同的园领导对园里的应急预案和逃生知识也很了解。但督学发现该处只有一个通往地上的楼梯。经访谈了解，此处还有一条消防逃生通道，但平时门是关的。请园方打开门后查看，发现通道很长，堆放了防洪沙袋和一些杂物，也没有行动路线标识，负责人带领督学走了很久也没有找到逃生出口，一旦出现火情，非常危险。说明该园领导的安全风险意识薄弱，在安全教育及应急演练上做得不到位，没有实效。

五、家园社区合作

(一)家园共育(9分、刚性2分)

68.★重视家长工作，注重家园共育，建立健全家长委员会、家长工作制度。(2分)

评分细则：

建立家长委员会及家长工作制度。(2分)

信息采集方式：

网上查阅近一年的资料

【案例】某幼儿园重视家长工作，采用多种形式做好家园共育。一方面运用家长会、家长学校等渠道，宣传、指导家长掌握科学育儿理念和方法，引导家长对幼儿园教育的认同、支持和参与；另一方面通过家长委员会、家长问卷、日常沟通等方式，鼓励、吸引家长参与幼儿园管理，对幼儿园重要决策和事关幼儿切身利益的事项提出意见和建议，形成了家园同步教育的氛围。例如，班级家长会改变了以往“一言堂”的传统形式，尝试运用鲜活案例和丰富多元的体验活动，引导家长发现幼儿的学习特点和方式，在互动中感受和理解幼儿园的教育理念；以主题活动为载体，向家长说明其对幼儿的发展价值，引导其跟进过程；在开放活动中，通过活动前介绍、活动中依据“家长记录表”进行有目的的观摩、活动后的座谈交流，引导家长在参与中感受孩子的学习特点、在观察中了解活动的积极意义、在案例中发现孩子的成长，提高家长参与的实效性；依据各年龄段幼儿学习方式和发展目标，开展小班生活活动助教、中班游戏活动助教、大班主题活动助教等，逐步与家长深度合作；在“身”入课堂，共话幼儿成长的家园共育活动中，先后邀请从事教育、科技、公安、卫生、气象等不同职业以及退休的祖辈近百位家长，利用他们拥有各自领域相关的工作经验，让全体孩子们体验到不同于教师日常教育的“特别”课程，活动覆盖全部教学班，内容涉及五大领域，“进课堂”活动生动有趣、丰富多彩，取得了良好的教育效果，家长问卷满意率达到99.3%。

69. 积极发挥家长委员会的作用，定期组织家长开放活动。(4 分)

评分细则：

【基本达到要求】家长委员会能够开展工作，机构能组织家长开放活动。(1～2 分)

【达到要求】家长委员会有计划地开展工作并在工作中起到监督、沟通、协助作用；机构有计划地开展家长开放活动。(2～3 分)

【较好达到要求】建立不同层次的家长委员会并有计划地开展工作，家长委员会紧密参与机构工作，支持机构发展；机构有计划地开展形式多样的家长开放活动。(3～4 分)

信息采集方式：

现场查阅近一年的资料

补充说明：

· 家长委员会有计划地开展工作是指：每学期对于家委会要开展哪些活动、如何开展，要有一定的计划。全园工作计划中能够体现家园共育工作，如开展的次数、形式等。家长活动包含园级、班级各个层面，各项活动有详细的安排。

· 家长委员会紧密参与机构工作是指：家长是否能够参与到幼儿园重大事项的讨论中，以及能否对日常工作(伙食、安全、课程等)提出合理建议并被采纳。

70. 通过多种方式向家长宣传正确的教育理念和科学育儿的知识。(3 分)

评分细则：

【基本达到要求】能够向家长宣传正确的教育理念和科学育儿的知识。(0～1 分)

【达到要求】通过多种方式向家长宣传正确的教育理念和科学育儿的知识。（1～2分）

【较好达到要求】结合儿童发展实际情况，以创新方式向家长宣传正确的教育理念和科学的育儿知识。（2～3分）

信息采集方式：

现场查阅近一年的资料；现场观察

补充说明：

·宣传方式包括线上微信公众号、微信、网站；线下电话、个别谈话、家长会等途径。

【案例】如何向家长宣传正确的理念和育儿知识？

一、以幼儿园为核心的家园合作活动

1. 教育活动开放日：教育活动开放日可以是幼儿入园前，家长和幼儿一起来园，熟悉新教师和新环境，消除陌生感；也可以是幼儿入园后，家长参与一日或半日观摩活动，了解孩子在园情况、幼儿园教育内容与方法，解除忧虑。幼儿园开展教育活动开放日，事先要向家长介绍活动的目的和计划，让家长“知其然，也知其所以然”，并指导家长在活动过程中学会观察。事后要充分发挥家长参与的积极性，幼儿园持“有则改之，无则加勉”的态度，广泛征求家长对活动的意见和建议，达到开放的真正目的。

2. 幼儿学习成果展览与汇报会：其目的是让家长了解幼儿在园的学习情况，并给予他们教育的信心和方法。教师在策划幼儿学习成果展览与汇报会时，要全方位地展示幼儿各方面的进步，既有知识的掌握，又有能力的表现，还有良好品德的展现，而不是只集中在音乐、舞蹈或绘画等方面，让家长从孩子的展示中既看到孩子的进步，也学习到新的教育理念。

3. 接送幼儿时的交谈与家访：这是一种以访问、谈话为主要方式的个别交流形式，主要目的是让家长和教师了解孩子在幼儿园和家庭中的情况，加强沟通，交流经验，共同促进幼儿发展。日常交谈内容可以是孩子日常的行为表现，也可以是家长在家庭教育中遇到的问题、困难，以及成功的教育经验。教师的家访一定要有目的性，事先与家长约好时间，在家访过程中围绕事先确定的内容进行。在家访中，教师需满怀真诚和爱心，注意讲话方式，全面介绍、分析孩子的情况，多表扬孩子的优点，以建议的方式请家长配合帮助孩子改正不良行为习惯。切忌“告状”，“告状”易破坏教师、家长和幼儿之间的关系。

4. 家园联系册：这是一种书面形式的个别交流方式。家园联系册一种是由教师根据幼儿在园情况或是家长根据幼儿在家情况撰写的，其内容可因幼儿的具体情况不同而有差异；另一种内容是固定的，有的甚至是用项目的方式呈现的，如生活和卫生习惯、动作发展、学习能力、语言发展、行为习惯等，教师或家长只需在上面打钩即可。相对而言，前者更为开放，适合于阶段性的专题联系；后者更为全面，适合于经常性的周期使用，其内容可以包括幼儿表现与教师或家长的建议。

5. 便条或电话联系：简短的便条也是一种有效的交流手段，教师的寥寥数语就可把孩子的点滴进步传达给家长，如幼儿画了一幅新颖的画、帮助了小伙伴、小手洗得干净等。便条可以加强教师与家长之间的交流，增强孩子学习和家长教育的信心。需要注意的是，便条的内容应自然、真诚而有意义。电话联系是借助于现代通信工具而进行的一种交流方式。它不仅可以存在于家长与教师之间，同样也可以存在于家长与家长之间。电话联系方便快捷，不仅可以传达孩子的行为表现，还可就孩子出现的问题商讨解决方法。

6. 参与教育活动：有两种类型，第一类是请不同职业、不同特长的家长参与教育活动。可以请家长来园做临时教师，也可以事先与家长进行沟通协调，带领幼儿去家长所在的工作场所，进行现场教育活动。充分利用家长资源，弥补幼儿园教育资源的不足，同时提高家长参与教育活动的积极性，唤起家长的主人翁意识，真正成为幼儿园的合作伙伴。第二类是幼儿园亲子同乐活动，家长携子女来园参加游戏活动，活动中教师要注意发挥幼儿和家长的主体性，特别要注意自己对家长、幼儿的平等态度。以上两种类型都有助于增进教师与家长、家长与幼儿的情感交流。

7. 参与管理活动：家长委员会是家长参与幼儿园管理最常见的形式。家长委员会分园级、年级和班级三个层次，不同层次的家长委员会分别参与相应的管理工作。家长委员会的组成成员应是那些重视子女教育、热心社区工作、有责任心，并有一定的组织能力和文化水平的家长。家长委员会参与的主要管理工作是促进家园合作，包括加强家园之间的信息联系，保证交流渠道畅通，协调家园教育的一致性；发动和组织家长发挥各自的专长和优势，开展各种配合幼儿园教育的活动；组织家庭教育经验交流会，宣传家庭教育知识，满足家长对提高家庭教育水平的需要；向幼儿园反馈家长的意见，参与幼儿园的教育决策和监督。家长委员会还可以在幼儿园为全园师幼和家长组织联欢会、义卖、捐献等活动。幼儿园领导和教师应与家长委员会保持密切的联系，尊重和支持他们的工作，为其顺利开展工作创设有利条件。

二、以家长为核心的家园合作活动

1. 家长会：家长会大多由家长集体参加，其内容相对集中于大家共同关心的问题。类型有家庭教育专题讲座、教育经验交流会、家庭教育专题讨论会等。专题讲座是邀请专家或由幼儿园教师就某个问题做全面系统的讲解，既有理论阐述，又有实践指导。例如，对刚入园儿童的家长开设“三岁幼儿的年龄特点及教育要点”讲座。教育经验交流会和家庭教育专题讨论会主要是在家长与家长之间进行，可由教师主持。发言者要有针对性，避免泛泛而谈；主持者要注意因势利导，并适当小结。召开家长会要制订详细计划，包括目标、主持人、时间、地点、对象、内容、形式、准备、具体步骤与过程。会后要对活动效果进行评价，可以是教师的自我评价，也可以是家长的意见反馈。

2. 家长园地：“家长园地”或“家庭教育专刊”等是以文字的形式定期对家长进行指导的一种形式。其内容可包括家园合作的方方面面：家庭教育方面可有儿童身体与心理的发展、家庭营养知识、家庭教育方法以及新的教育观念与实践等；幼儿园方面可以有幼儿园近期的教育活动或重大活动、孩子的作品等。当然，可为家长留一点篇幅，供讨论、谈心得体会、提意见或建议等。在科技发达的今天，“家长园地”或“家庭教育专刊”也可以采用多媒体形式呈现。另外，“家长园地”或“家庭教育专刊”要注意定期更新。

3. 家教现场指导活动：这是一种互相观摩、直接指导的活动方式，常常是由教师通过对幼儿出现的问题或家长目前普遍关心的问题进行专门的教育活动设计，家长通过现场观摩来学习。现场指导的方法可以从行为入手，通过教师示范和指导、家长模仿和操作的方式来进行；也可以从情感入手，以教师创设情境，家长参与、体验，再迁移到家庭教育中去的方式进行；还可以从认识入手，教师与家长、家长与家长之间平等辩论，最后形成一定的价值取向，并把它运用到家庭教育中。总之，家教现场指导活动就是让家长在“做中学”，遵循指导与自我教育相结合的原则，使作为指导者的教师和作为学习者的家长之间进行互动来促进家长家庭教育水平的提高。

4. 家长沙龙：家长沙龙主要是给家长提供畅所欲言的环境与机会。定期举办，自愿参加。场所可以由幼儿园提供，也可以由家长自愿在家里组织。组织者可以是教师，也可以是家长。但组织者需平等地共同参与问题的讨论，并予以适当的总结。

5. 家庭互助组：家庭互助组是幼儿家庭之间在家庭教育方面相互关心、相互支持的一种形式。家庭互助既包括物质上的互助，例如临时帮助照看孩子以及组织服装、图书、玩具方面的交换，也包括精神上的互助，例如当一些家长在家庭教育中遇到困难时，其他家长可以关心与指点。家庭互助组也可以组织幼儿与同伴交往，解决当前大多数家庭由于只有一个孩子而产生的社会化方面的问题。家庭互助组本着自愿的原则，侧重于教育方面的互帮互学，避免功利化的做法。

6. 社区教育基地：社区教育基地是幼儿园亲子教育的一种延伸和补充。教育是人的教育，发展教育和办好教育是全社会的责任。幼儿教育只有融入社会大系统，才能形成社会关心、支持并参与幼儿教育的社会风气。幼儿园可以联合社区部门，邀请各界热心人士，成立社区教育委员会和园外教师队伍，共同创建社区教育基地，既挖掘社区教育资源，创设良好的育人环境，配合幼儿园教育，又开展对家长的教育，提高家庭教育水平，真正达到双向促进。同时，家长教育的内容也可以是家庭生活方面的，提高家庭生活质量有利于提升整个社区精神文明水平。

总之，不管是以幼儿园为核心的家园合作活动，还是以家长为核心的家园合作活动，其评价的标准都是儿童发展、家长教育水平提高以及教师自我成长，并且归根结底要落实到儿童的发展上。当前，教育越来越强调生态化，幼儿教育中的家园合作是一种必然的趋势，而在其中起着领导作用的幼儿园应将家园合作视为自己的重要工作之一，成立专门的领导机构，并使之制度化。只有这样，才能使幼儿得到更全面的教育，使幼儿园、家庭与社区的教育资源发挥最大价值。

(二)社区合作(6分、刚性3分)

71. ★重视利用自然环境和社会(社区)的教育资源，扩展幼儿生活和学习的空间。(3分)

评分细则：

能有效利用社区中的教育资源为本机构的教育教学服务。(3分)

信息采集方式：

现场查阅近一年的资料；现场观察

补充说明：

· 自然环境包括园内、园外的自然环境。

【案例】督学在某幼儿园督导中看到，古树上掉下来的果实、树叶、小树枝，深受孩子们的喜欢，他们乐此不疲地捡起来收集，爱不释手地攥在手中。幼儿园因势利导，为幼儿创造条件，提供支持。照片1：放置小圆竹筐，孩子们可以随时收集自然物，并为自然物进行分类。图片2：幼儿园充分利用园里已有的资源和环境，不仅支持幼儿对自然物的分类收集，并以“游戏”形式拓展游戏，利用科学(滑轮)原理运输自然物，从而发展幼儿观察、探究、合作、协商等多项能力。图片3：幼儿园巧妙地利用大树和户外器械结合，为幼儿创造出有趣的游戏情境，孩子们通过网状隧道顺利地攀爬上去，不仅锻炼了攀爬能力，也体验到不同高度带来的不同感受，还培养了幼儿运动的兴趣、勇敢的品质等。

72. 积极向社区及社会传播科学的育儿理念和知识，努力为幼儿成长创造良好的社会环境。(3 分)

评分细则：

【基本达到要求】参与社区文化建设。(0～1 分)

【达到要求】能充分发挥自身优势主动参与社区文化建设，通过板报、网络等形式为社区居民提供科学育儿指导等服务。(1～2 分)

【较好达到要求】能充分发挥自身优势主动参与社区文化建设，创新形式为社区居民提供科学育儿指导等服务。(2～3 分)

信息采集方式：

现场查阅近一年的资料；现场观察

【案例】某幼儿园重视向社区及社会传播科学的育儿理念和知识，成立领导小组，指定专人负责社区及社会交流沟通工作，为园所资源配给寻找合作支持。一是宣传学前教育发展政策，增强社会共识。组织社区代表参加"学前教育宣传月"活动动员大会、新生幼儿入园招生咨询会、学期家长会等，解读学前教育政策，把握学前教育发展方向。二是多途径线上、线下宣传规范办园，科学保教和幼儿园办园理念。利用橱窗宣传栏、社区通知栏、发放宣传单、咨询活动等形式，定期举办社区亲子活动、早教服务、幼儿社会实践活动，面向家长开展科学育儿宣传，广泛传播先进的学前教育理念和科学育儿知识。三是将社区资源"引进来"，利用周边消防、公园的独特优势，让幼儿亲身感受，帮助其学习经验，助力成长。该园上述做法在帮助广大家长转变育儿观念、提高科学育儿水平、自觉抵制各种违反幼儿身心健康行为的做法上起到了积极的作用。

第四部分

保育教育

一、教育理念

73.★认真落实立德树人根本任务，尊重幼儿身心发展规律，尊重幼儿个体差异。(5 分)

评分细则：

认真落实立德树人根本任务，尊重幼儿身心发展规律，关注幼儿学习与发展的整体性，尊重幼儿个体差异。在教育内容、教育方式、教育环境等方面不存在“小学化”现象。(5 分)

信息采集方式：

现场观察；园长、教职工访谈

补充说明：

· 幼儿的学习与发展应具有整体性，因此，在课程设置上，目标和内容应涵盖各个领域，且应相对均衡，不能“偏科”，注重全面整合教育。

· 幼儿的个体差异体现在不同幼儿的发展领域、发展速率的差异，也体现在个体内部不同领域发展的不均衡上，评价时要看教师是否有尊重个体差异的意识，如，在幼儿活动过程中不宜在幼儿之间做横向比较等。

· 小学化的表现涉及教育理念、教育内容、教育方式、教育环境、家园合作等多个方面。在教育内容方面，提前学习小学阶段的学业知识，如开展教学活动时，提前学习汉语拼音、数学速算、英语单词认读和书写等；布置拼音、算术、汉字抄写、英语认读类的家庭作业；组织识字表演或比赛；利用“奥数”“珠心算”“逻辑训练”等方式开展超纲教学活动等。教育方式方面，以学科课程安排一日生活，开设拼音、识字、计算和英语等专门的课程；以课堂集中授课为主要教学方式，强化机械训练，强调知识记忆量，进行填鸭式知识灌输。评价时，应当考虑小学化痕迹出现的范围和程度，不能因个别的、孤立的元素而判定。例如：不因在环境创设中出现了个别文字或英文单词就认定为小学化。但如果一日生活组织大多是以集体教学的形式开展，给幼儿变相布置家庭作业，物质环境中出现了大量与游戏活动无关的文字，幼儿自主游戏时间不足等，则可认定为小学化。

【案例】在督导中，查阅某园班级计划时，出现了“加强班级幼儿课堂常规和课堂作业的训练”这样的描述性文字。“课堂”“训练”“作业”这样的字眼，明显与“幼儿园一日生活皆课程的理念”和“游戏是幼儿园的基本活动形式”的要求是相违背的。

74. 注重在一日生活中坚持保教结合的基本原则，珍视游戏和生活的独特价值，以游戏为基本活动。(9 分)

评分细则：

【基本达到要求】在一日生活中坚持保教结合原则，能够保证幼儿的游戏时间。(0～3 分)

【达到要求】坚持保教结合，科学、合理开展幼儿一日生活，以游戏为基本活动，保证幼儿有充足的游戏时间。(3～6 分)

【较好达到要求】坚持保教结合，科学、合理开展幼儿一日生活，以游戏为基本活动，能够挖掘生活和游戏中蕴含的教育价值，促进幼儿全面发展。(6～9 分)

信息采集方式：

现场观察；园长、教职工访谈

补充说明：

· 科学合理地安排幼儿一日生活，关注幼儿一日生活流程的落实，包括：游戏时间是否充足，过渡环节是否有序、衔接流畅，两餐之间的间隔时间是否适宜，户外活动时间是否充分，能否将游戏贯穿于一日生活的各个环节中，能否根据季节和幼儿年龄灵活地安排户外活动时间等；教师能否在游戏中有效地促进幼儿发展，例如在教师指导下，幼儿是否对游戏保持兴趣，引发思考，获得新的经验，提升了游戏水平。

· 在生活和游戏中挖掘教育契机，渗透自理能力、生活习惯、社会交往、情绪情感、学习品质等多方面能力的培养。

【案例】某幼儿园在加餐环节中渗透了对数概念的理解，每次加餐时都在桌上放置 1～5 的数字，“1”是提醒孩子吃 1 块饼干，“5”是吃 5 个果仁……每天的数字会有变化，需要幼儿自己观察，并按数取物。这个看似简单的举动，却蕴含着一一对应、按数取物等教育内容，体现了生活即教育的理念，巧妙地挖掘生活环节的教育价值，将枯燥的数字学习转化为有趣的生活活动，让幼儿逐渐发现数字和生活的关系，在感性经验中理解数的概念。

75. 能在日常的保教实践中努力将教育理念转化为具体教育行为。(6 分)

评分细则：

【基本达到要求】保教人员能够知晓科学的学前教育理念，并用其指导教育实践行为。(0～2 分)

【达到要求】保教人员能够较好地理解教育理念的内涵，保教人员日常保教行为符合教育理念要求。(2～4 分)

【较好达到要求】保教人员能够自觉地践行教育理念，并能及时反思改进教育行为。(4～6 分)

信息采集方式：

现场观察；园长、教职工访谈

补充说明：

·本条指向的内容是相对综合的，在保育教育的各个工作环节中均应有所体现，在评价时需结合其他相关指标的达成情况进行综合判定。

·教师是否拥有正确科学的教育理念，既体现在其保教行为中，也可以通过访谈、查看教学反思笔记和观察记录等资料，需要综合来获知，判断其教育理念是否存在偏差。

【案例】通过对幼儿园内人际关系的细致观察了解园所的发展理念和教育水准，人际关系包括园长与教师、教师与教师，教师与幼儿。在对某幼儿园进行督导的过程中，园长与督学走进班级活动区。这时，一个小姑娘热情地向园长打招呼，微笑着向园长挥手。只见这位园长摆手示意她："不行，不行。"与园长沟通得知，通常情况下她会与孩子们一起做游戏，但由于当天园所在接受督导，她需陪同督学，才不得不拒绝了孩子的邀请。实际上，园长是否拒绝孩子，没有对错之分，只要心中教育目标明确，就会有不同的应对行为。如果园长想利用这个机会，让孩子知道别人在忙的时候是不能被打扰的，那就可以跟孩子解释清楚："谢谢你的邀请，但是我今天的确很忙，我需要向客人介绍我们美丽的幼儿园。下次我再跟你玩，好不好?"或者园长知道这个孩子偏内向，她的邀请很珍贵，就不必为了陪同参观者而拒绝孩子，注意控制好时间和节奏即可。所以我们要做主动的教育者，做教育目标清晰的教育者，根据当时的教育情境，给予幼儿不同的教育或体验。

二、环境创设

(一)精神环境(15 分、刚性 5 分)

76. ★注重为幼儿营造宽松、自主、接纳、尊重的心理环境。(5 分)

评分细则：

注重为幼儿营造宽松、自主、接纳和尊重的心理环境。(5 分)

信息采集方式：

现场观察

补充说明：

·本条是刚性指标，是对基本"底线"要求做出的规定，其中一个重要目的是杜绝出现嘲笑、责骂、体罚、高控等行为。教师应给予全体幼儿尊重和接纳，耐心细致、言行规范、举止得体。针对所谓"淘气"的幼儿应该给予个别教育与指导帮助。

·教师采用鼓励、正面、亲切的语言与幼儿沟通。面对幼儿的不同想法、做法，应给予尊重和回应。当幼儿出现特别状况时，充分理解并接纳幼儿的想法，耐心引导。

77. 幼儿在园有安全感和信任感，师幼关系和谐。(10 分)

评分细则：

【基本达到要求】教职工能够做到对幼儿予以接纳和关爱。(0～4 分)

【达到要求】教职工对幼儿尊重、接纳和关爱，幼儿情绪稳定、愉悦，有安全感。（4～7 分）

【较好达到要求】教职工对幼儿尊重、接纳和关爱，幼儿情绪稳定、愉悦，有安全感，对教职工信任、亲近。（7～10 分）

信息采集方式：

现场观察

补充说明：

· 重点关注幼儿情绪情感、与教师在语言和肢体上的互动表现，如具有愉快的情绪和安全感，表达大胆、自信。

· 本条还可以体现在结果上，即观察教职工与幼儿之间关系是否自然和谐，大多数幼儿是否愿意积极主动地与教职工交流，建立起信赖的关系，幼儿遇到问题能够放松地向教师求助。

· 本条也可以体现在教职工行为上。如：教职工的情绪、与幼儿的交流方式大多是积极正面的，表现出对幼儿的关注、关心，愿意和幼儿交流等。

（二）物质环境（30 分、刚性 12 分）

78.★配置符合国家及本市相关部门要求和幼儿年龄特点的户外设施、材料以及室内玩教具。（12 分）

评分细则：

配置符合国家及本市相关部门要求和幼儿年龄特点的户外设施、材料以及室内玩教具。（12 分）

信息采集：

现场查阅近一年的资料；实地查看

补充说明：

· 户外设施、材料中即使没有大型设施，但现有的活动器械、材料能够支持幼儿开展各项活动、实现户外活动目标，亦可。

· 室内玩具包括角色游戏类、表演游戏类、科学探索类、建构游戏类、图书类、艺术类等，重点查看玩教具的数量和种类是否满足幼儿活动和发展的需要。

· 玩具材料要符合幼儿年龄特点和学前教育倡导的价值观。宗教类、外语类图书及不合格的玩具、电子产品等是不符合要求的。

【案例】此项指标中需要关注的重点是，幼儿园需参考《北京市幼儿园玩具配备目录》配备室内外玩教具，避免因对玩教具配备标准不清晰，导致出现某类物品太多或缺乏、配备种类不全、区域设置缺失等现象。但在检查时不应过于僵化地要求数量，要以《北京市幼儿园玩具配备目录》作为大致参考，指导幼儿园理解各类玩教具的功能，督促其努力配齐种类，以满足幼儿从事各类活动的需求。配置户外设施、材料(体育活动区)时，要因地制宜并有效利用场地。如：幼儿园场地有限，可设法配备具有多种活动功能的联合器械(见下图)，这些设施的安排需要园所精心设计，尤其要考虑安全、尺寸等问题。

79. 设施、材料及玩教具安全适用，数量充足、种类丰富。(9 分)

评分细则：

【基本达到要求】室内外设施、材料及玩教具符合安全要求，数量基本充足，种类相对丰富。(0～3 分)

【达到要求】室内外设施、材料及玩教具安全、适用，数量充足，种类丰富。(3～6 分)

【较好达到要求】室内外设施、材料及玩教具安全、适用，数量充足，种

类丰富，能够支持幼儿进行自由选择与探索。(6～9 分)

信息采集方式：

现场查阅近一年的资料；现场观察

补充说明：

·“安全适用”：玩教具和材料设施干净整洁、无毒无害、结实耐用，工具类材料(剪刀、笔类、娃娃家道具等)安全无隐患。室外活动场地上的大中型运动器械应固定安装在软质地面上，器械之间保持足够的安全距离。运动器械上的装饰物，不能遮挡儿童的视线，确保幼儿活动安全。

·“数量充足”：玩教具和材料设施能够满足多名幼儿同时使用，使幼儿在进行各种活动时都有充分的空间进行自主选择、自由探索。

·“种类丰富”：室内材料多样，能够满足幼儿角色扮演、表演、建构、益智等游戏活动以及科学探索、阅读、艺术欣赏与创作等活动开展的需要。还应配备一定的辅助材料支持和扩展幼儿游戏主题和内容。户外设施材料能够满足幼儿各种动作发展的需求，如走、跑、跳、投、攀爬、悬垂、平衡等。有条件的幼儿园可以在户外设置玩沙/玩水、种植/饲养等多种非运动类的户外探索性活动区域。

【案例】在观摩幼儿园户外活动时，一个班的孩子在玩平衡木。平衡木位于一棵大树下，大树的枝干恰好在平衡木上方，孩子走过去的时候都会下意识地低头弯腰，如果孩子注意力不集中或是走不稳掉下去，就可能会出现安全事故，这一问题，需要幼儿园改变平衡木的放置地点，确保幼儿安全。

80. 设施、材料及玩教具能满足幼儿活动需求，促进幼儿发展。(9 分)

评分细则：

【基本达到要求】室内外设施安放合理，材料及玩教具投放基本满足幼儿活动需求。(0～3 分)

【达到要求】室内外设施安放合理，材料及玩教具投放满足幼儿活动需求，利用充分。(3～6 分)

【较好达到要求】室内外设施安放合理，材料及玩教具投放满足幼儿活动需求，利用充分，为幼儿的游戏与发展提供有效支持。(6～9 分)

信息采集方式：

现场观察

补充说明：

·“设施安放合理”：室内外设施的安放应保障幼儿有足够的活动空间，便于幼儿自主选择取放及活动，不存在安全隐患。

·“投放满足幼儿活动需求”：材料和玩教具投放一是应具有操作性，幼儿可动手操作和亲身体验；二是应具有一定的挑战性，不宜过于简单或过于复杂，能够吸引幼儿持续进行活动；三是应具有开放性，需包含低结构材料，能启发幼儿发挥想象，引发和支持幼儿学习与探究活动；四是应具有层次性，既关注小、中、大班之间幼儿年龄特点的差异，又关注同一个年龄班幼儿在能力水平之间的差异，在材料难度、复杂程度、结构性程度等方面有所区分。同时关注幼儿活动时是否表现主动、乐于参与、自主性高，以及材料利用率情况。

·本指标中涉及区域游戏材料内容可参考 87 条。

三、生活活动

(一)幼儿活动状态(30 分、刚性 6 分)

81.★幼儿在生活活动中有自己动手、自我服务机会。(6 分)

评分细则：

幼儿在生活活动中有符合自身年龄特点的自己动手、自我服务机会。(6 分)

信息采集方式：

现场观察

补充说明：

·本条是刚性指标，重点考察的是教师是否存在包办代替现象，应尽可能地为不同年龄阶段的幼儿提供自我服务和自我管理的机会。

·教师应践行“凡是幼儿能够自己做的事情就自己做”的理念，主动寻找支持幼儿自我动手的策略，为幼儿提供机会，让其承担力所能及的任务。

【案例】某幼儿园中班为幼儿提供了良好的自我服务机会，在加餐环节，教师未过多地提示常规要求，幼儿便能自己用水壶倒水，还帮助需要帮助的小朋友倒水。幼儿不仅能够自主掌握喝水量，提高动手能力，还能形成乐于助人的意识。

82. 幼儿在生活活动中自主、有序、情绪稳定。(10 分)

评分细则：

【基本达到要求】幼儿情绪比较稳定，能够在成人的提醒或指导下按照一日生活常规做事情。(0～3 分)

【达到要求】幼儿情绪稳定，熟悉一日生活常规，体现一定的自主性。(3～6 分)

【较好达到要求】幼儿情绪愉悦，生活活动自主、有序。(6～10 分)

信息采集方式：

现场观察

补充说明：

·“自主”：幼儿做事自觉、主动、认真、独立，能获得自我照顾和自我管理的快乐。

·“有序”：幼儿熟悉常规，了解各个环节的顺序和要求，并有秩序地进行活动。

·“情绪稳定”：大多数幼儿在大部分时间里情绪稳定，愿意主动参与完成各生活环节中力所能及的事情。

【案例】小班的 A 幼儿在幼儿园门口接受晨检后，独自进入幼儿园。在教室门口遇到迎接的老师，互相问好。坐在小椅子上，脱下鞋子，换上在幼儿园穿的便于活动的鞋子，然后将换下的鞋子放到自己的鞋位上。接着从书包里拿出家园对话本放到架子上，再走到自己的物品存放柜放书包。他一只手拿着餐巾盒，另一只手放书包，但是没把拉链拉好。这时老师过来提醒他要把拉链拉好，于是他就把餐巾盒放下，双手把拉链拉好并放好书包。接着他拿起餐巾盒走到自己的杯架前放好，然后进入室内自由游戏。这个过程只用了 50 秒钟。(案例来源：李季湄，冯晓霞.《3～6 岁儿童学习与发展指南》解读[M]. 北京：人民教育出版社，2013：195.)

83. 幼儿具有良好的生活、卫生习惯和基本的生活自理能力。(14 分)

评分细则：

【基本达到要求】幼儿能够在成人的帮助或提示下完成进餐、饮水、盥洗、睡眠等生活环节。(0～5 分)

【达到要求】幼儿能够在成人的引导下，愿意尝试做力所能及的事，掌握

生活自理的基本方法。(5～9 分)

【较好达到要求】幼儿具有良好的生活、卫生习惯，并具备符合年龄特点的生活自理能力。(9～14 分)

信息采集方式：

现场观察

补充说明：

· 关注小、中、大班各年龄段幼儿特点和能力差异。

· 观察不同时段、多名幼儿的生活活动，综合判断幼儿生活、卫生习惯的养成及基本的生活自理能力，是否有帮助他人和为集体服务的意识与基本能力。

【案例】在督导某幼儿园时，督学看到幼儿园尝试将幼儿的喝水环节与区域游戏时间整合，在班级中靠近盥洗室的位置，创建了独立、舒适且适合小、中、大班不同年龄特点的生活区。幼儿在游戏的间歇陆续来到生活区完成喝水，其过程自然、温馨、有序。孩子表现出很强的生活自主性：大班幼儿完全独立完成喝水环节，小班幼儿在老师的适度指导下愉快地喝水，不时看到孩子之间轻松地交谈，每个孩子喝完水之后又回到游戏当中。经了解，这与保教人员有意识地培养孩子的自主能力是分不开的。在学期初，每天一到活动区游戏的后半程，保育老师会走到孩子当中，轻声提醒孩子可以去喝水了。当幼儿养成习惯后，会自己观察生活区是否准备好喝水的东西，结合自己游戏的需要，自行安排喝水。这样的生活环节不仅为幼儿的生活自理、自主提供了锻炼的机会，也极大地提高了幼儿独立生活的意识和能力，还保证了幼儿的游戏时间。

(二)观察与指导(20分、刚性6分)

84.★保教人员注重观察幼儿的身体健康及情绪、行为习惯等变化。(6分)

评分细则：

保教人员能够有意识地观察和了解幼儿的身体健康及情绪、行为习惯等变化。(6分)

信息采集方式：

现场查阅近一年的资料；现场观察

补充说明：

·考察保教人员是否能关注到所有幼儿，及时发现幼儿的身体健康、情绪状况及行为习惯等变化，给予适宜的回应。考察班级教师之间的分工合作关系是否配合默契、站位合理、主次分明、灵活适宜，确保在每一个环节中都能关注到幼儿。

【案例】午睡后起床时，硕硕低着头坐在床上一动不动。我说："硕硕，起床穿衣服了。"硕硕抬头看了看我，仍旧坐在床上不动。我又说了一遍，他还是坐在床上不动。我轻轻地把他抱起来，掀开被子，发现硕硕的屁股下面湿了一大片，原来是尿床了……

我马上开玩笑地说："哇！硕硕'画'了幅好大的地图呀！"然后，轻轻地帮他换个位置，悄悄地告诉他："不要紧，老师小时候也尿床的。等一下，我去帮你拿衣服，帮你把湿裤子换下来，尿湿的裤子穿在身上会着凉的。"随后，我拿来裤子，一边帮硕硕换，一边亲切地提示他："以后想尿尿时告诉老师好吗？或者自己到厕所尿都可以！"硕硕微笑着点了点头……

(案例来源：宋文霞，王翠霞．幼儿园一日生活环节的组织策略[M]．北京：中国轻工业出版社，2019：254.)

85. 保教人员能够尊重幼儿差异，适时给予有效支持与指导。【14分】

评分细则：

【基本达到要求】保教人员能够关注班级中有需要的幼儿，并给予回应。(0～5分)

【达到要求】保教人员能够关注班级中有需要的幼儿，尊重幼儿差异性，给予支持和指导。(5～9分)

【较好达到要求】保教人员能够关注班级中有需要的幼儿，尊重幼儿差异性，给予适宜支持，促进幼儿发展。（9～14 分）

信息采集方式：

现场查阅近一年的资料；现场观察

补充说明：

·“尊重幼儿差异”是指：在观察解读幼儿的基础上给予适宜支持，尊重幼儿在生理、心理方面的个体差异(性格、爱好、经验、思维方式、学习特点等)，因人施教。

·对幼儿需要的关注，包括要关注个别幼儿情绪的变化，予以及时处理；也包括对个别幼儿生理需要的关注，如身体不适、特殊体质等，还有其他方面的关注，如速度节奏与其他小朋友不一致等，能根据实际情况灵活地调整要求，或给予个别的指导和协助。

【案例一】某幼儿园教师在指导幼儿穿袜子时，针对不同水平的幼儿，进行了个性化的指导。比如，有的孩子在听到儿歌提示“张开大嘴巴伸进小洞洞”时，自己就可以做到正确地穿袜子，教师对这些孩子只是稍加关注。而对于有的孩子，老师先帮助其套上一半，然后请小朋友自己把剩余的部分拉上来。还有的孩子，老师则是全程给予协助。

【案例二】一位托班教师的观察记录：午饭时间到了，香喷喷的排骨、绿油油的青菜和美味的紫菜汤香气扑鼻。轩轩很快把青菜和排骨吃完了，然后就拿着勺子在紫菜汤里搅来搅去，嘴里还一边嘟囔着：“这个我不吃……”于是，我轻轻走过去，蹲在轩轩身边，悄悄地对她说：“轩轩乖，咱们只喝一小口，可以吗?”听我说完，轩轩勉强地点点头。我帮轩轩舀起一小勺，轩轩不太情愿地喝了下去。我亲了轩轩一口并鼓励她说：“轩轩真棒，要不要再来一小口?”这回轩轩反倒来劲了，故意炫耀地说：“再来一口。”就这样一小口一小口，轩轩喝了半碗紫菜汤。见状我抱起轩轩深深地亲了一下，对她说：“轩轩真了不起，喝下了半碗汤呢!”听到我的表扬，轩轩脸上露出了得意的笑容。

（案例来源：宋文霞，王翠霞．幼儿园一日生活环节的组织策略[M]．北京：中国轻工业出版社，2019：105.）

四、游戏活动

(一)游戏环境(25分、刚性5分)

86.★能因地制宜地利用空间创设游戏环境，区域设置合理。(5分)

评分细则：

能充分利用现有空间创设游戏环境，设置合理，方便幼儿取放材料及互动交往。(5分)

信息采集方式：

现场观察

补充说明：

·创设开放的、多样的区域活动空间，区域设置科学合理，注意动静分开、光线充足。

·材料的摆放适合幼儿的身高，便于幼儿观察和自主取放。

【案例】近阶段以来，我班的表演区活动正逐步走向成熟。原先，表演区安排在一个靠近钢琴的角落里，只能容纳2～3个孩子活动，后来，通过观察我发现孩子们的兴趣性在逐渐降低。于是，我在小朋友之间进行了调查，并通过与班内老师共同分析原因后发现，是空间的局限性影响了孩子们的兴致。于是，我们和孩子们一起讨论并选择适合表演区的地方。在我们的共同商量下，决定调整活动区布置，将表演区移至里屋。这回空间扩大了，的确收到了良好的效果。表演区一天比一天热闹起来，孩子们由开始的单纯敲打乐器，发展到佩戴头饰表演，又发展到身着表演服装进行表演，后来主动找老师要录音机播放音乐，并且学会了自己使用录音机，他们的表演非常尽兴。

(案例来源：张凤敏，刘健，沈文瑛．幼儿园游戏区规划与指导[M]．上海：华东师范大学出版社，2017：15.)

87. 区域游戏材料丰富、适宜，能体现趣味性、操作性、层次性(10分)

评分细则：

【基本达到要求】游戏材料的数量和种类基本满足幼儿游戏需要，材料有一定的操作性和层次性，幼儿比较感兴趣。(0～3分)

【达到要求】游戏材料比较丰富，符合幼儿的年龄特点，能够支持不同能

力、不同需求的幼儿通过操作获得新体验和新经验。（3～7 分）

【较好达到要求】游戏材料数量充足，种类丰富，符合幼儿的年龄特点，具有一定的挑战性，充分满足不同发展水平幼儿交往和探索需要。（7～10 分）

信息采集方式：

现场观察

补充说明：

· 本指标的考察须结合幼儿的年龄特点及游戏的实际需求。

【案例一】督导某幼儿园时，督学观察大班幼儿玩《小餐厅》角色游戏。区域内有 6 人，其中 2 名厨师、4 名顾客。“后厨”的一个操作台仅有未完成操作的彩泥、擀面杖和面板，另一个操作台只有零星的、摆放凌乱无序的塑料盘、锅盖、小筐、勺、灶台等。进餐的桌面上堆满了现成的“面食”以及半成品“烤串”。“厨师”身穿白色上衣，领子窝在里面，扣子未系，他穿梭于厨房和大厅之间，与进餐的“顾客”说笑聊天。其他 5 个小朋友也是嬉笑玩闹，游离于角色之外。这时，教师介入提示幼儿向客人问好，又引导厨师送顾客好吃的东西，于是幼儿随即手捧五块白泥制作好的“月饼”，快速地放到玩具柜上。然后教师便与幼儿聊起关于“你们都做了什么好吃的”的话题……从以上案例可以看出，孩子们对小餐厅游戏兴趣不大，投放游戏材料操作性不强，没有满足幼儿游戏的需要。

【案例二】在某幼儿园大一班美术活动区，教师将美术材料分为笔类、纸类、绘画工具类、绘画材料类等。投放的每一种美术材料数量基本都有20个以上，表面看来材料数量很多、较为丰富，但是，我询问本班教师："你们投放材料的依据是什么?""如何进行材料分类?""怎么能更好地发挥这些材料的价值?"等问题，教师却回答不上来，只懂得材料越多越好。这一案例说明，一味地追求材料的丰富、多样，会忽视材料投放的核心价值，作为教师必须了解材料投放背后的教育意图，才能充分满足不同发展水平幼儿交往和探索需要。

88. 环境能满足幼儿发展需求，材料利用率较高，能够及时调整与更新。(10分)

评分细则：

【基本达到要求】环境能够激发幼儿参与游戏活动的兴趣；材料利用率较高。(0～5分)

【达到要求】环境能支持幼儿开展游戏；幼儿能灵活、自主地使用材料；材料能根据幼儿的需要适时调整和更新。(5～10分)

信息采集方式：

现场查阅近一年的资料；现场观察

补充说明：

· 本指标的评判可以结合"80. 设施、材料及玩教具能满足幼儿活动需求，促进幼儿发展"条目。

· 可根据幼儿的表现判断环境和材料是否满足幼儿需求，如观察幼儿是否能够专注地投入到游戏中，并在游戏中找到适宜的玩具材料后灵活、自主地使用。

· 对于材料的调整和更新，可以通过查看教具购买和更新记录来考察。但要注意的是，班级之间调换玩具，以及根据教育主题进行随时更换，这也属于玩具更新，需要通过访谈来考察。

· 对于材料的更新，重点不在于更新时间和数量，更多的是要考察在实践中的投放是否符合主题活动的需求，是否体现出了保教工作的计划，尤其要关注调整更新后的玩具在实际当中是否得到了有效利用。

【案例一】在某幼儿园进行督导时，督学发现在某班级的积塑区，同种类的玩具分了三个大筐，占据了其他玩具的空间，使玩具的种类变少，美劳区投放的彩绳条过多、过长、杂乱，不便于幼儿取放，这样的材料投放是不适宜的。幼儿园应在活动区投放不同类型、不同层次的玩具和材料，并视幼儿兴趣和发展的需要进行更新、补充和调整。

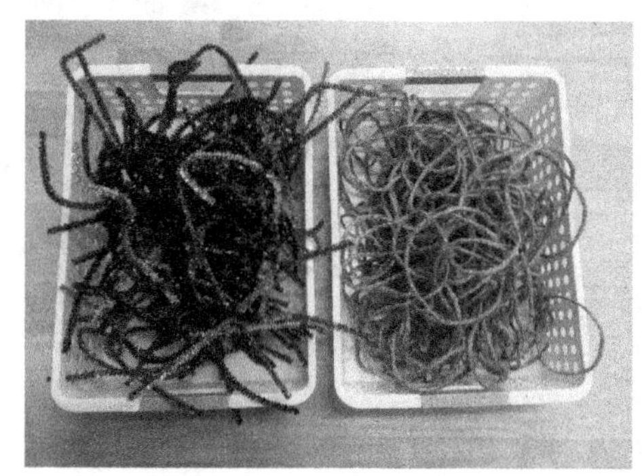

【案例二】某幼儿园中班角色区域开了“精品鞋店”，店内有各式各样的鞋子，还有钱币、鞋架、试衣镜等，图片标识提示清楚，还有激发幼儿参与游戏的措施——抽奖活动。幼儿活动看似有序进行，分工明确，但是督学在班级中静静观察了 20 分钟，却发现并没有幼儿进行买卖游戏。粗看形式和内容，该班级的区域创设是丰富多样的。为了考察环境的实际教育价值，督学询问区域中的几个幼儿：“鞋子有什么款式的呢？鞋子都是什么材质的呢？有 35 码的鞋子吗？我能试穿鞋子吗？”几个幼儿都回答不上来，有的幼儿能说出几种鞋子的名字，但对于墙面、鞋架上展示的鞋子不了解，幼儿的角色定位为擦鞋匠和清洁工(擦镜子)。这个案例表明，教师精心创设的“精品鞋店”未能满足幼儿的发展需求，材料利用率不高，需要根据幼儿兴趣进行及时调整。

(二)幼儿游戏状态(25 分、刚性 5 分)

89. ★幼儿能根据自己的兴趣和意愿选择游戏内容、材料和同伴。(5 分)

评分细则：

幼儿能够根据自己的兴趣和意愿选择游戏伙伴、内容和材料。(5 分)

信息采集：

现场观察

【案例】在中班的游戏区“甜品店”中，有一个男孩很想进去玩，却在门口踌躇不前，问其原因，他回答道该区角一次仅限 3 名幼儿玩，他再进去人数就超了，所以不能进去。之后，小男孩作为“顾客”站在“甜品店”门口，向店里的三名“店员”购买甜品，想以此互动方式参与该区角的游戏。但是，“店员”对他并不热情，“店员”们反而对督学老师更加关注。我看到，这个小男孩表现出了很强的规则意识和纪律性，但是游戏区角的人数限制却阻碍了他根据自己的兴趣和意愿选择游戏内容。其实，该区角活动空间大，客观上可容纳 3 名以上幼儿。因此建议教师灵活调整区角容纳人数和功能，如创设送食材、买成品、雇店员等其他环节，以更灵活的方式让其他幼儿参与其中，让幼儿有更多的自主选择游戏伙伴、内容和材料的空间。

90. 幼儿在游戏过程中投入、专注，能积极与环境互动。(10 分)

评分细则：

【基本达到要求】幼儿对活动感兴趣，能够与环境互动。(0～5 分)

【达到要求】幼儿在游戏过程中投入、专注，能积极与环境互动。(5～10 分)

信息采集方式：

现场观察

补充说明：

· 幼儿的投入和专注从程度和范围两个角度加以综合的考察。程度即幼儿投入、专注的程度；范围即有多少幼儿具有投入、专注的表现。

· 积极与环境互动，包括与班级物质环境(室内外环境、玩具、材料等)、人际环境(教师、同伴)的互动。

【案例】在对某幼儿园进行督导时，督学看到 5 名大班幼儿在建构区共同搭建了一座马戏团演出棚(如照片所示)。督学问孩子们："你们搭的是什么？"幼儿争先恐后、面带自豪地回答："是马戏团演出地方。"在搭建过程中，孩子们在封顶时遇到了困难，他们没有放弃，而是同伴之间互相商量，不停地变换材料尝试，逐渐把开口变小，最后通过两个三角形积木完成了封顶。这个案例中，幼儿对搭建马戏团兴趣浓厚，能主动、积极地参与讨论和搭建。并能与成人、同伴积极互动。

91. 幼儿在游戏过程中能主动探究，积极解决问题。(10 分)

评分细则：

【基本达到要求】幼儿愿意参与探究活动，遇到问题后，能够寻求同伴和教师的帮助。(0～2 分)

【达到要求】幼儿乐于探究，遇到问题后，能够在同伴和教师的帮助下解决问题。(2～6 分)

【较好达到要求】幼儿主动探究，遇到问题后，能够尝试自主解决。(6～10 分)

信息采集方式：

现场观察

补充说明：

· 观察大多数幼儿在遇到困难和问题时的行为表现，是否愿意通过思考、探索、求助、尝试、合作等方式。

【案例一】乐乐从美工区拿了半个双面贴，并试图撕开，但尝试了几次没有成功，于是把它放在桌子上，自己站起身来，犹豫了一下，又重新坐了下来，将双面贴仔细看了看。又尝试着撕了起来，从刚才撕双面贴的边尝试撕双面贴的小角。一头的小角弯了，他又重新换了一头继续认真地撕着。过了一会儿，终于撕下来了。

【案例二】彤彤能积极地用语言描述自己喜欢的动物，并根据动物的身体特征，在和动物捉迷藏游戏中发现并说出动物的名称。在拼动物图片时，她选择和好朋友小雨一起操作，并在操作中进行了简单的分工，小雨负责找图片，彤彤负责拼摆，小雨很快将熊猫的图片全部找出，彤彤的拼摆任务却遇到了困难，于是小雨主动帮忙，两人一起商量，摆弄了一段时间，终于将熊猫的图片拼到相框里，高兴地向老师和同伴展示，并在老师的鼓励之下，继续进行其他动物的拼摆。俊俊和涛涛在拼摆时很讲究策略，只见他们一边拿着拼图的图片仔细地观察，一边再看看完整的动物，判断到底像哪种动物形象，最后将拼图摆到相应的位置上，很快地完成了长颈鹿、兔子、斑马三种动物的图片拼摆。在老师的表扬和赞叹声中，他们拼图的积极性更高，开始尝试自己完成拼摆。

(案例来源：王哼．幼儿园科学游戏 50 例[M]．福州：福建教育出版社，2016：8.)

【案例三】今天的建构材料中，我故意增添了小竹梯，孩子们是第一次玩，刚开始拿到小竹梯的时候，幼儿们迫不及待地每个人拿了一把，开始摸索怎么玩。他们知道小竹梯能立起来，但是怎么样才能立起来？这就给孩子们带来了难题，画画和明明很聪明，他们把两把小竹梯拼在一起，梯子就可以立起来了，于是其他的孩子也开始尝试把两三把拼在一起，小义、同同和小鱼尝试了很久，想把两把梯子立起来，他们将两把梯子撑开，但是这个方法难度较大，梯子也很容易掉下来。

小竹梯的问题解决了，又一难题出来了：梅花要怎样才能立得稳呢？钟卫俊搭了个大门口，他发现小竹梯靠在木桩上，也能立起来，梅花也能好好地靠在大门上面。千千把一组梅花插在小竹梯的空隙中，梅花好像在中间盛开一样，美丽极了。佳佳把小木块摆在一堆，把梅花插在中间，看能不能让梅花立得稳？可惜这个办法行不通，小古想了个很棒的办法，她把两条木桩并排放在地上，然后在上面摆上两层小木块，把梅花插在小木块与木桩的空隙中，梅花就能稳稳地立起来了。

（案例来源：王秋．幼儿园大型户外建构游戏[M]．上海：华东师范大学出版社，2017：56.）

（三）观察与指导（25 分）

92. 教师能有意识地观察与了解幼儿的兴趣与需要。（8 分）

评分细则：

【基本达到要求】教师有观察幼儿游戏行为的意识。（0～3 分）

【达到要求】教师有目的地观察幼儿游戏行为，了解幼儿的游戏兴趣与需要。（3～5 分）

【较好达到要求】教师有目的地、持续地观察幼儿的游戏行为，了解幼儿的发展情况。（5～8 分）

信息采集方式：

现场查阅近一年的资料；现场观察

补充说明：

· 查阅观察记录，了解教师观察游戏的目的性和持续性。

93. 能在分析判断的基础上给予幼儿适宜的回应与支持。（17 分）

评分细则：

【基本达到要求】教师能够察觉到幼儿的需要并给予适时回应与支持。

（0～5 分）

【达到要求】教师能在观察、分析与判断的基础上，给予幼儿适宜的回应与支持。（5～10 分）

【较好达到要求】教师基于持续观察，能够客观准确地分析幼儿的行为及其背后的原因，形成促进幼儿发展的有效策略和方法。（10～17 分）

信息采集方式：

现场查阅近一年的资料；现场观察

补充说明：

· 教师适宜地回应与支持幼儿的方式有很多，包括投放材料、以“玩伴”的角色合作和示范、通过提问来激发幼儿思考，等等。

· 判断是否适宜，要结合具体的游戏情境和幼儿表现加以判断，从结果上看，适宜地回应与支持应当不打断幼儿的游戏进程和兴趣，并且能够让幼儿的游戏内容得到丰富、扩展，或是不替代幼儿且引导幼儿思考解决所遇到的问题。

五、教育活动

（一）目标确定（10 分）

94. 活动目标符合本班幼儿的年龄特点和实际发展水平，并有一定挑战性。（4 分）

评分细则：

【基本达到要求】活动目标基本符合本班幼儿年龄特点。（0～1 分）

【达到要求】活动目标符合本班幼儿的年龄特点与实际发展水平。（1～2 分）

【较好达到要求】活动目标符合本班幼儿的年龄特点与实际发展水平，并有一定挑战性。（2～4 分）

信息采集方式：

现场查阅近一年的资料；现场观察

补充说明：

· 可以从幼儿的表现及状态来了解目标的适宜性，如看幼儿是否有兴趣，积极参与，可特别观察幼儿的神态表情以及对活动的专注程度，与近阶段教育与发展目标的相宜性。

95. 教育目标具体明确，操作性强。(3 分)

评分细则：

【基本达到要求】活动目标基本明确，指向幼儿的发展。(0～1 分)

【达到要求】活动目标不仅关注知识能力，也关注幼儿的学习品质等各方面发展，表述基本清晰。(1～2 分)

【较好达到要求】活动目标不仅关注知识能力，也关注幼儿的学习品质等各方面发展，表述清晰、具体、准确，体现领域的核心价值，操作性强。(2～3 分)

信息采集方式：

现场查阅近一年的资料；现场观察

【案例】以下面两个活动目标的表述为例，既体现了《指南》的要求，又结合了活动的具体内容，可操作性较强。《3～6 岁儿童学习与发展指南》科学领域中，对于小班幼儿提出了“喜欢接触大自然，对周围的很多事物和现象感兴趣”的目标，对中班幼儿提出了“喜欢接触新事物，经常问一些与新事物有关的问题”的目标。

在某园，小班孩子对小鸡很感兴趣，于是，老师在一节有关了解小鸡典型特征的活动中，确定了“对小鸡产生浓厚的兴趣，知道要关心、爱护小鸡”的目标。中班一节有关蝌蚪与青蛙的活动中，教师制订了“对常见的青蛙成长变化产生兴趣，能尝试解答或提出自己的问题”的目标，均比较明确、具体、适宜。

96. 活动组织实施过程中能根据幼儿的表现对目标进行动态调整。(3 分)

评分细则：

【基本达到要求】活动组织实施过程中能关注幼儿的表现，根据需要调整目标。(0～1 分)

【达到要求】活动组织实施过程中能依据幼儿表现灵活调整目标，调整后的目标符合幼儿当前的兴趣和发展需要。(1～3 分)

信息采集方式：

现场查阅近一年的资料；现场观察

补充说明：

· 活动中，重点关注教师对幼儿已有经验与兴趣需求的把握，能否灵活把握好目标与幼儿现实需求之间的关系。当出现教师的预设目标与幼儿已有经验或现实需求不一致时，能否依据幼儿的现实表现需求来进行适宜的目标调整，体现正确的儿童观。在评估本条时应注意，并非一定要看到教师现场对目标的调整，对本条的判断重点依然是对接幼儿表现，看目标是否适宜，只有不适宜时才需要进行调整。

【案例】在一次小班语言集体教学活动中，教师选择了《贪吃的小蛇》这个绘本，该绘本讲的是小蛇吃了不同形状的东西后，身体变成相应形状的故事。教学目标是提升幼儿的故事理解能力，并学习一些关键词语和句子。当小蛇吃了“饭团子”后身体变成三角形时，老师意图让幼儿学习“饭团子”这个新词语，了解饭团子的形状。但孩子们并没有按照老师预先计划的目标表现，因为孩子们并不熟悉饭团子，大声说起来，是“粽子！小蛇吃了粽子！”此时，老师有些诧异，于是试图“纠正”，读了一遍绘本上的字“饭团子”。当听到“饭团子”这个说法时，第一个大声发言的小朋友表示不认可：“什么饭团子？这明明是粽子嘛！”

面对孩子如此的表现和反应，老师没有继续坚持纠正，而是顺着孩子们的理解继续讲解绘本，根据孩子们的兴趣和已有经验，灵活地调整了目标和实施细节，积极地保留接纳幼儿的不同看法，同时回应孩子：“小朋友们觉得这是粽子啊！老师都没有想到呢！真的有可能是粽子呢！但是作者跟咱们的想法不一样，他认为小蛇吃掉的是饭团子！很多超市都有卖饭团子，小朋友们以后可以买回家比较一下，看看跟粽子和饭团子到底有什么不同呢?”

(二)内容选择(8分、刚性3分)

97. ★教育内容选择注重尊重幼儿已有经验。(3分)

评分细则：

教育内容的选择注重尊重幼儿已有经验。(3分)

信息采集方式：

现场查阅近一年的资料；现场观察

补充说明：

• 可查阅教学计划，日计划、周计划、月计划、学期计划里的教育内容是否能体现延续性和相关性。

• 幼儿的教学游戏活动是否基于幼儿已有经验，可现场考察幼儿对操作材料的熟悉度，是否了解相关活动内容。

【案例一】在大班认识时间、钟表的活动中，教师往往会结合幼儿日常生活中的时间。如，认识整点时，7:00 是小朋友起床时间，8:00 是早餐时间，10:00 是户外时间，12:00 是午餐时间等。这样的原有经验既能调动幼儿参与活动的积极性，又能帮助他们获得新经验。

【案例二】在中班春季种植开始时，老师首先引导幼儿了解他们在小班时对于种植的原有经验，通过谈话环节，结合小班种植的照片带着幼儿一起来回顾，包括使用的工具，做了哪些事情，发现了什么等。再根据幼儿的实际情况，制定出本班幼儿相应的种植发展目标，更好地支持幼儿的发展。

98. 活动内容能密切联系生活，符合幼儿兴趣与发展需要。(5 分)

评分细则：

【基本达到要求】教育活动内容源于生活，幼儿有一定的兴趣。(0～2 分)

【达到要求】教育活动内容贴近幼儿生活，幼儿有兴趣、有需求，活动对幼儿的发展有帮助。(2～3 分)

【较好达到要求】教育活动内容贴近幼儿生活，有助于拓展幼儿的经验，能满足幼儿发展的需要。(3～5 分)

信息采集方式：

现场查阅近一年的资料；现场观察

补充说明：

· 现场观察幼儿的表现，了解活动内容是否符合其兴趣和发展需要，比如看大部分幼儿参与活动是否有积极性，表情是否专注，思维和表达是否活跃等。

· “活动内容贴近幼儿生活”，应当是幼儿了解和熟悉的，或是在日常生活中可接触到的、感兴趣的内容。

【案例】幼儿园里有个小菜园，孩子们会在里面种上一些喜欢的植物，收获后，老师看到菜地里留下很多植物叶子，于是思考：怎样可以利用这些掉落的植物的残余？教师们考虑后认为：堆肥实验是个很好的想法。老师先向孩子们讲解了堆肥的原理及做法，孩子们对这个活动表现出了很高的兴趣。考虑到这个实验需要经过漫长的时间，土地上的塑料膜也会妨碍孩子观察，所以为了更直观地让孩子看到植物在土中被降解的过程，老师选择了自然角投放植物降解盒，分别在盒子中放了果皮、土壤、果皮＋土壤。这一教育活动内容贴近幼儿生活，有助于幼儿观察和拓展经验，有利于幼儿发展的需要。

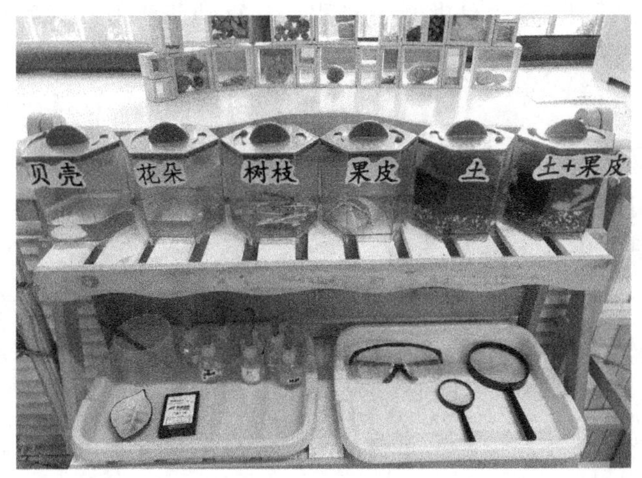

(三)方式方法(10分)

99. 能根据教育目标、内容、幼儿发展水平等，灵活选择和运用集体、小组、个别等多种形式开展活动。(4分)

评分细则：

【基本达到要求】能依据活动目标和内容，选择和运用集体、小组、个别等不同的组织形式。(0～2分)

【达到要求】能依据幼儿年龄特点和发展水平，根据目标、内容，灵活选择和运用集体、小组、个别等组织形式，支持幼儿的学习。(2～4分)

信息采集方式：

现场查阅近一年的资料；现场观察

补充说明：

· 观察教学现场：采用了哪些教学组织形式开展活动，每种教学组织形式的变化是否能为目标和内容服务，避免时间的隐性浪费。

100. 重视幼儿学习过程，尊重幼儿学习方式和特点，注重鼓励支持幼儿通过直接感知、实际操作和亲身体验进行学习探索。(6分)

评分细则：

【基本达到要求】重视幼儿学习过程、学习方式和特点。(0～2分)

【达到要求】重视幼儿学习过程、学习方式和特点，幼儿有直接感知、实际操作和亲身体验的机会，并有一定的探索、体验时间。(2～4分)

【较好达到要求】重视幼儿学习过程，尊重幼儿学习方式和特点，每个幼儿都有直接感知、实际操作和亲身体验的机会，探索时间充裕，探索空间大。(4～6分)

信息采集方式：

现场查阅近一年的资料；现场观察

补充说明：

·活动中，能够呈现给幼儿充分的直接感知、实际操作和亲身体验的学习机会，教育内容能紧密地体现出教学的目标，有效地激发幼儿的已有经验和主动思考。

【案例】督导当天，督学一上楼，就有小朋友热情地向督学打招呼，并对督学进行了现场采访。孩子们在这个环节中自己收集信息，积极思考，大胆质疑与提问，发现问题并解决问题，主动与人交谈。后经与园里领导沟通得知：老师捕捉到孩子们对周围环境、事物感兴趣的点，于是生成了“当小记者，看大世界”的主题活动。孩子们通过了解记者工作，学习如何提高照相技能，进行模拟采访，讨论记录采访内容、给报纸起名字、正式采访、设计报纸等活动中，经历了发现问题、调整改进、解决问题、不断完善的过程，激发了孩子们创造的火花，在真实的场景中体验“记者”角色，为幼儿开启另一扇表达交往、收获自信的窗口，有效促进了幼儿多种能力的提升，满足了幼儿个性发展的需要。

(四)互动情况(14分)

101. 积极关注幼儿在活动开展过程中的表现，并能根据幼儿的反应灵活调整教育活动。(6分)

评分细则：

【基本达到要求】能够关注幼儿在活动开展过程中的行为表现，能够倾听、鼓励、尊重幼儿。(0～3 分)

【达到要求】能够积极关注幼儿在活动中的表现，主动支持，正面引导，做出个性化的回应。(3～6 分)

信息采集方式：

现场查阅近一年的资料；现场观察

补充说明：

·观察教育活动现场，关注保教人员是否积极主动地与幼儿进行互动，尊重幼儿的想法，发现有价值的内容时，及时调整教育活动。

·在幼儿活动中，保教人员是否相互配合，是否做到对每位幼儿给予关注，是否及时发现幼儿遇到的困难并给予恰当的引导和协助。当前活动不足以满足幼儿的兴趣时，是否能加以调整，满足幼儿的个别需求。

【案例】某园中班进行《小小人的大面包》绘本故事教育活动时，目标是：1. 了解“想要获得东西，就要自己有所付出”的道理；2. 了解面包是怎么来的，跟面粉、水、马、小麦等事物都有哪些关系；3. 学习故事中高频关键句子“我们交换吧”。在组织活动的过程中，由于故事的逻辑内容过长，教师发现孩子们的兴趣不是很高，注意力也不是很集中，总会做出一些跟活动无关的动作。于是，老师临时调整了目标，改“阅读”为“表演”。教师分配好角色，孩子们进行扮演，用绘本里面的句子进行互动，有扮演马的，有扮演大面包的，还有扮演小麦的，表演动作尽可能根据绘本的“原句”进行设计发挥。老师临时的调整，不仅充分调动了孩子们的积极性和参与性，更有利于实现既定的教育目标。

102. 通过与教师、同伴、材料等多方互动有效支持与促进幼儿学习。(8 分)

评分细则：

【基本达到要求】鼓励幼儿与同伴、材料、环境进行互动。(0～4 分)

【达到要求】鼓励幼儿积极主动地与同伴、材料、环境进行多种形式的互动，获得有益经验，支持与促进幼儿的发展。(4～8 分)

信息采集方式：

现场查阅近一年的资料；现场观察

补充说明：

·教师、同伴、材料的多方互动意味着教师的指导、材料的投放、同伴之间的互动都能够围绕活动进行，让幼儿在和老师和同伴的互动中，以及在使用材料的过程中有所思考、有所收获。

【案例】自制书签——集体教学活动的设计

某幼儿园大班教师组织了一次集体教学活动——制作书签。活动材料有雪糕棍、水彩笔、彩色卡纸。活动过程分为三个步骤：1. 引出活动主题，欣赏书签。2. 出示活动材料，讲解制作方法——在纸上画出自己喜欢的图案，剪贴在雪糕棍上并装饰。3. 个人制作书签，集体欣赏。幼儿在教师的引导下完成了书签的制作，分享后结束活动。幼儿作品如下图所示。这一活动的设计，不仅让幼儿在操作材料中获得制作书签的经验，还在与同伴的交流中提高了幼儿倾听能力、完整表达能力，扩展幼儿的学习经验。

(五)个体差异(8 分)

103. 在幼儿学习活动的过程中能尊重、接纳幼儿个体差异，注重兼顾不同发展水平的幼儿。(8 分)

评分细则：

【基本达到要求】在幼儿学习活动的过程中能关注、尊重、接纳幼儿的差异。(0～4 分)

【达到要求】在幼儿学习活动的过程中能关注、尊重、接纳幼儿的差异，并能提供有针对性支持和指导，促进幼儿在原有水平上发展。(4～8 分)

信息采集方式：

现场查阅近一年的资料；现场观察

补充说明：

·对个体差异的关注，体现在对不同水平幼儿的不同要求上，也体现在提问等互动过程中，如教师的提问、反馈能够基于幼儿的能力和兴趣。

六、户外活动

(一)运动环境(10 分)

104. 能根据幼儿年龄特点和季节特征安排户外活动，在正常情况下，幼儿户外活动时间每天不少于 2 小时(其中户外体育活动不少于 1 小时)。(3 分)

评分细则：

【基本达到要求】在正常情况下，幼儿户外活动时间每天不少于 2 小时(其中户外体育活动不少于 1 小时)。(0～1 分)

【达到要求】幼儿户外活动时间每天不少于 2 小时(其中户外体育活动不少于 1 小时)；能够根据幼儿年龄特点和季节特点安排户外活动，运动强度和密度科学适宜。(1～3 分)

信息采集方式：

现场查阅近一年的资料；现场观察

补充说明：

·可以结合现场观察和作息时间表，判断能否结合本园的实际情况，针对不同季节和不同年龄班作适当的差异化安排。

·针对运动强度和密度，既可以查看户外活动计划，也可以在户外活动的过程中观察判断。

105. 户外活动内容、形式丰富多样，有益于幼儿健康、自主发展。(4 分)

评分细则：

【基本达到要求】户外活动内容丰富，形式多样，幼儿乐于参与。(0～1 分)

【达到要求】户外活动内容丰富，形式多样，安排合理，符合幼儿动作发展特点和运动规律。(1～2 分)

【较好达到要求】户外活动内容丰富，形式多样，安排合理，符合幼儿动

作发展特点和运动规律，幼儿既有自主选择和创造空间，又有安全规则意识。（2～4分）

信息采集方式：

现场查阅近一年的资料；现场观察

补充说明：

· 操节、集体游戏和分散活动的时间比例大致为1∶1∶2。

【案例一】掷远是学龄前儿童体质测试的薄弱项目，《北京市托幼园所卫生保健工作常规》要求依据每年的体质测试数据来制订班级户外活动计划，达到切实提高幼儿体质的目的。为此，幼儿园创设了丰富多彩的投掷游戏，锻炼幼儿上肢和腰腹力量，见下图。

【案例二】在"帮蚂蚁运粮"的体育游戏中，教师将场地布置得富有童话色彩：蚂蚁王国十分漂亮，但要到达蚂蚁王国很难，必须经过金色沙滩、窄窄的小河、高高的山坡、低矮的山洞、茂密的树林。而要越过以上障碍，就必须进行一系列的动作练习(如走、跑、跳、爬、钻)。教师在游戏中扮演蚂蚁国王的角色，和幼儿打成一片，大家一起互相扶持、互相帮助，最终完成了任务，教师也毫不吝啬地对幼儿进行了表扬与赞美。一切既真实，又虚幻，很符合幼儿的年龄特征。幼儿在愉快游戏的同时进行了基本动作练习，一点也不觉得枯燥。更重要的是，在游戏中幼儿有了受爱与施爱的愿望，体验了受爱与施爱的快乐，乐意与人商量，有困难愿意求人帮助，对于教师的信赖

感也进一步增强了。

（案例来源：梁周全．幼儿游戏与指导[M]．北京：北京师范大学出版社，2011：159.）

106. 有空间开发与利用的意识，在特殊天气情况下能在保证安全的前提下积极利用室内空间满足幼儿运动需求。(3 分)

评分细则：

【基本达到要求】在特殊天气情况下，能够利用睡眠室、活动室、楼道等室内空间开展室内体育活动，无安全隐患。(0～1 分)

【达到要求】有空间开发与利用的意识，在保证安全的前提下能够利用室内空间开展体育活动，活动材料、活动内容较为丰富。(1～2 分)

【较好达到要求】合理开发利用室内空间，场地与活动内容安排注重安全性、趣味性、丰富性，能够保证室内体育活动质量。(2～3 分)

信息采集方式：

现场查阅近一年的资料

补充说明：

· 对活动的空间不作硬性要求，重点是在活动过程中考察现有的条件是否得到了充分的利用。

(二)幼儿运动状态(15 分、刚性 5 分)

107. ★幼儿喜欢参加体育活动，在运动中体验快乐。(5 分)

评分细则：

幼儿情绪愉快，乐于尝试不同的运动器械或材料，参加活动的频率较高。(5 分)

信息采集方式：

现场观察

补充说明：

·观察幼儿参与活动的积极性，运动过程中是否表现出喜悦、兴奋与快乐，而不是无聊地消极等待，或者是另寻其他乐趣。即使运动中遇到一些挑战，也愿意努力克服，不断尝试，克服畏难情绪，表现出积极良好的运动品质。

【案例】今天户外活动时，我带着小班的孩子们一起玩了一个练习投掷的游戏：打狐狸。游戏前，我在远处放了几只狐狸，看谁的球可以打到。在游戏中，一部分孩子可以扔到狐狸的家，一部分孩子能扔到中间，还有一些孩子就投在了面前，就像妍妍。我看到她在游戏刚开始时很高兴，很想打到狐狸，但在投的时候，球重重地砸在了自己的面前，她又试了一次，结果还是投得很近。看得出，她对这个游戏不感兴趣了。再一次投掷时，她拿着自己的球站在原地，我走了过去，“妍妍，你打到狐狸了吗?”妍妍说：“没有。”我又对她说：“那我教你一个好方法，看看能不能打到狐狸好吗?”她抬起头看着我，我给她做了一遍示范，告诉她：“眼睛看着远处的狐狸，投的时候要往高处、远处投，不能往地上扔!”我扶着她的手教了她两遍，再一次打狐狸时，虽然还是没有打到狐狸，但是明显比之前远了一些。

（案例来源：王玉菊．幼儿园趣味性体育活动案例及论文精选[M]．北京：中国农业出版社，2016：172.）

108. 动作发展良好，协调、灵敏。(10 分)

评分细则：

【基本达到要求】幼儿基本掌握本年龄段基本动作。(0～5 分)

【达到要求】幼儿熟练掌握本年龄段基本动作，动作发展良好，灵活协调(5～10 分)

信息采集方式：

现场观察

补充说明：

·重点观察评估幼儿在活动过程中，身体的运动表现，动作发展水平是否符合其年龄特点，是否有体能过弱、身体发展显著落后的幼儿。

·幼儿活动中动作是否灵活，不生涩，动作是否到位，力度、角度等适宜准确，表现出一定的耐力，这能反映出幼儿已有动作发展水平。

（三）观察与指导（15 分、刚性 4 分）

109. ★保教人员注重观察幼儿身体及活动状态。（4 分）

评分细则：

保教人员能够从幼儿的基本动作发展、身体素质、活动器材使用情况、活动参与状态等方面观察幼儿活动状态变化。（4 分）

信息采集方式：

现场观察

补充说明：

· 此处的保教人员除教师、保育员和业务干部外，还包括保健医。

· 保教人员是否细致观察幼儿状态，及时发现幼儿的不适，比如没有精神、不活跃、动作僵硬、过于疲劳等。

【案例一】户外时间到了，孩子们都很积极，因为增加了一种新的体育器械——脚踏车。这次利用脚踏车开展的体能锻炼游戏，目的主要是锻炼幼儿双脚双手的配合能力和把握前进方向的能力。每一个小朋友拿到脚踏车后，都迫不及待地想上去试一试，但我发现每当快轮到轩轩的时候，他总会悄悄跑到队尾躲起来，这样大约持续了两三次。我忍不住说："轩轩过来，你试一试吧。"我拉着他来到队伍前面，这时有小朋友说："老师，他说他不想玩，他害怕。"轩轩听了小朋友的话，用力挣开我的手，又跑到了队尾。我又一次过去牵着他的手说："老师带你一起玩吧，我们试一试。"他还是不愿意，并且哭了起来。他确实十分抗拒这个新玩具。我知道强迫孩子没有用，于是暂时先让他站在旁边看别的小朋友玩。

（案例来源：董旭花，韩冰川，张海豫．幼儿园户外环境创设与活动指导[M]．北京：中国轻工业出版社，2018：260．）

【案例二】户外活动时，我带幼儿玩"救救小袋鼠"的游戏。大部分小朋友玩得很高兴，都积极地投入到游戏中，班级中的肥胖幼儿牛牛却不慌不忙地在一旁转悠。于是，我走过去对牛牛说："你为什么不和其他小朋友一起跳呢？"牛牛笑眯眯地对我说："老师我跳不动，我不想跳。"我拉着牛牛的手说："我和你一起跳好吗？"牛牛很不乐意地站起来，和我一起跳，参与到游戏中。可我一放下他的手，趁我不注意，牛牛又悄悄在一旁休息了。

（案例来源：王玉菊．幼儿园趣味性体育活动案例及论文精选[M]．北京：中国农业出版社，2016：175．）

110. 根据幼儿状态及时调整活动强度、练习密度。(6 分)

评分细则：

【基本达到要求】依据幼儿的面色、呼吸、参与程度等运动状态，能够从活动器材、活动频率、活动方式、活动内容等方面调整活动强度和密度。(0～3 分)

【达到要求】关注幼儿的面色、呼吸、参与程度等运动状态，能够适时地从活动器材、活动频率、活动方式、活动内容等方面合理调整活动强度和密度。(3～6 分)

信息采集方式：

现场观察

补充说明：

· 保教人员对于有需要的幼儿提供帮助(如针对动作发展和身体体质较弱的幼儿，教师可以通过手臂辅助幼儿跨越障碍)，提示个别运动量过大的幼儿休息或调整运动强度；鼓励有超重、肥胖的幼儿积极参与运动。

· 结合天气环境等因素，教师关注幼儿户外活动时的身体反应和肢体动作表现，及时调整难度、运动量或场地(如天气太热时可以进行运动量小一些的活动或者调整到阴凉的地方运动)等。

· 遇到幼儿的实际水平低于或高于预设的活动目标计划时，要以幼儿的实际水平为准，增加或减少练习的频次、密度，以适应幼儿的活动需要，不可忽视幼儿的反应，刻板执行原有计划内容。

【案例】某幼儿园户外场地上有一处画好的房子(格子)，中班的几个孩子在房子里双脚跳着玩，老师来到他们身边："我们来数数这幢楼有几层，每层有几间房子。"孩子们在老师的引导下数了起来，孩子们发现有的楼层只有一间房子，有的楼层是两间房子。于是，老师问："如果每间房子只能一只脚跳进去，那该怎么办呢?"小朋友开始饶有兴趣地双脚和单脚交替着跳，但是孩子的体力毕竟有限，跳了一会儿，部分孩子开始出汗了不肯再玩了。于是老师灵机一动，又给每人一个沙包，告诉他们沙包扔到相应的房子里(投掷)，看一看谁能扔到最远的房子里，沙包不能压到线，否则就算输，孩子们又兴致勃勃地投入到游戏中。

(案例来源：梁周全编．幼儿游戏与指导[M]．北京：北京师范大学出版社，2011：139.)

111. 注重培养幼儿良好的意志品质和运动态度。(5 分)

评分细则：

【基本达到要求】能够关注到幼儿运动过程中的意志品质。(0～2 分)

【达到要求】结合幼儿的发展现状，有目的、有针对性地培养幼儿良好的意志品质和运动态度。(2～5 分)

信息采集方式：

现场查阅近一年的资料；现场观察

补充说明：

· 保教人员鼓励幼儿积极、主动地参与活动，体验运动的乐趣，喜爱运动。

· 保教人员时刻观察幼儿的个体差异，给予遭遇挫败、试图逃避的幼儿以鼓励、示范和引导，让幼儿在勇敢尝试、不怕吃苦、坚持不懈的努力和真正的体验过程中，形成积极的意志品质，感受运动带来的快乐与健康。

【案例】中班户外游戏活动，幼儿进行投篮游戏。幼儿兴趣浓厚，争先恐后地进行投球，其间出现两名幼儿投球时砸到其他幼儿的情况。教师立即关注，查看幼儿的身体情况，讲解和重申游戏规则，让幼儿在清楚运动规则的前提下，再次重返游戏，安全游戏。

七、幼儿评价

幼儿发展评价(20 分)

112. 教师在日常活动与教育教学过程中采用自然的方法对幼儿发展进行分析和评价。(20 分)

评分细则：

【基本达到要求】教师能对幼儿的日常表现进行观察并作初步分析，观察和分析的内容涉及幼儿发展的各方面。(0～6分)

【达到要求】教师能采用观察、谈话、作品分析等方法了解幼儿在一日生活中的表现，观察全面，分析有条理，深入细致，评价有连续性。(6～12分)

【较好达到要求】教师能采用观察、谈话、作品分析等方法客观了解幼儿在一日生活中的表现，观察全面，分析有条理，深入细致，评价有连续性，评价结果能与保教工作密切相连。(12～20分)

信息采集方式：

现场查阅近三年的资料

补充说明：

·本条的重点在于引导幼儿评价工作的正确导向，即：引导教师养成在日常活动中观察和分析幼儿的习惯，逐步提升教师的观察分析能力。

·考察方式：

(1)查阅教师的观察记录。考察要点：是否真实；对幼儿表现的分析能否涉及多个领域；能否结合相关专业知识进行分析，探讨原因并提出适宜的对策；是否有针对个别儿童或某方面问题的持续性记录分析。

(2)查看学期末的儿童评价表(体现各个领域的发展要点，教师基于对每位幼儿的日常观察了解的评价是否准确适度)。考察要点：评价表的指标能否科学、全面，涵盖各个领域；教师能否基于日常的观察了解进行评价；是否对班级情况进行总体分析。

(3)也可查看工作计划是否结合了幼儿评价结果；以及通过和教师的谈话及实际观察其教学行为，了解教师观察幼儿的意识和水平。

【案例】某幼儿园采用《作品取样系统》等指标进行细化分解，作为教师日常观察的依据，帮助教师更全面、有条理地实施观察。

还有的幼儿园组织教师使用手机App中的观察记录系统，利用App中提供的针对各种活动(如生活活动、区域活动、集体活动、户外活动等)的观察指标，帮助教师更为简便地进行日常的观察记录，并结合指标进行分析判断。最终生成学期的分析总结，并将其结合到工作计划的制订之中。

第五部分

办园成效

一、安全办园

安全状况（60 分、刚性 60 分）

113. ★通过《北京市中小学幼儿园平安校园建设标准（试行）》验收。（60 分）

评分细则：

通过《北京市中小学幼儿园平安校园建设标准（试行）》验收，得 60 分；机构在未实施《北京市中小学幼儿园平安校园建设标准（试行）》验收前，近三年内未发生安全责任事故或重大意外事故或未受到上级行政处罚，得 60 分。

信息采集方式：

网上查阅资料；与区教育行政部门核实

参考依据：

《北京市中小学幼儿园平安校园建设标准（试行）》

补充说明：

· 尚未进行验收的园所，近三年内未发生安全责任事故、重大意外事故或未受到上级行政处罚，需与挂牌督学、教委相关科室核验情况。

二、队伍发展

（一）教师稳定性（40 分、刚性 25 分）

114. ★近三年内专任教师稳定率在 75％以上。（40 分）

评分细则：

近三年内专任教师稳定率在 75％以下，得 0 分；

近三年内专任教师稳定率在 75％及以上，80％以下，得 25 分；

近三年内专任教师稳定率在 80％及以上，85％以下，得 35 分；

近三年内专任教师稳定率在 85％及以上，得 40 分。

（专任教师是指具有教师资格、专职从事教学工作的人员。）

专任教师稳定率按照当年未离职专任教师数/当年专任教师总数，再取近三年内的平均值进行计算。其中，当年未离职专任教师不含当年新入职教师。

信息采集方式：

现场查阅近三年的资料

补充说明：

· 专任教师除一线带班教师（含三教轮岗人员）外，还包括业务副园长、保教主任、科研主任等业务干部；

· 教师稳定率计算方法：专任教师稳定率＝（当年未离职专任教师数/当年专任教师总数＋前一年稳定率＋前两年稳定率）/3；

· 近三年内专任教师稳定率在 75％以下，指标得分 0 分，刚性指标得分 0 分；

· 近三年内专任教师稳定率在 75％及以上，80％以下，指标得分 25 分，刚性指标得分 25 分；

· 近三年内专任教师稳定率在 80％及以上，85％以下，指标得分 35 分，刚性指标得分 25 分；

· 近三年内专任教师稳定率在 85％及以上，指标得分 40 分，刚性指标得分 25 分。

【案例一】某园 2020 年 6 月接受督导评估。督学需查看三个工资表：2020 年 5 月、2019 年 9 月、2018 年 9 月。

专任教师稳定率＝（2020 年未离职专任教师数/2020 年 5 月专任教师总数＋2019 年未离职专任教师数/2019 年 9 月专任教师总数＋ 2018 年未离职专任教师数/2018 年 9 月专任教师总数）/3。

【案例二】某民办幼儿园近年来在扩充学位的同时，严格控制师生比，不断改善办园条件，提高教师福利待遇，加大对职工生活和精神照顾，注重教师的层次培养，不断满足教师生活和职业发展的需要，教师幸福感逐渐提升，师幼互动和谐，教师稳定率保持在较高水平。

（二）职称情况（20 分、刚性 6 分）

115. ★专任教师未评职称比例符合相关要求；专任教师二级及以上职称达到一定比例。（20 分）

评分细则：

专任教师未评职称比例高于 50％，得 0 分；

专任教师未评职称比例不高于50%，得6分；

专任教师二级比例达到35%，得5分；

专任教师二级比例达到35%，专任教师一级职称占比达到15%，得10分；

专任教师二级比例达到35%，专任教师一级职称占比达到15%，专任教师高级及以上职称教师占比达到5%，得14分。

（专任教师是指具有教师资格，专职从事教学工作的人员。）

信息采集方式：

系统自动生成；实地抽查原件

补充说明：

· 专任教师除一线带班教师（含三教轮岗人员）外，还包括业务副园长、保教主任、科研主任等业务干部。

· 专任教师未评职称比例高于50%，指标得分0分，刚性指标得分0分；

· 专任教师未评职称比例不高于50%，指标得分6分，刚性指标得分6分；

· 专任教师二级职称比例达到35%，指标得分11分，刚性指标得分6分；

· 专任教师二级职称比例达到35%，一级职称占比达到15%，指标得分16分，刚性指标得分6分；

· 专任教师二级职称比例达到35%，一级职称占比达到15%，高级及以上职称教师占比达到5%，指标得分20分，刚性指标得分6分。

【案例】很多民办幼儿园在发展中遇到了教师职称评定的瓶颈，大部分教师由于户口、档案、学历等原因不能参与职称评定。2016年《北京市深化中小学教师职称制度改革实施方案》（京人社专技发〔2016〕60号）、《北京市中小学教师专业技术职务评聘工作实施细则》（京人社专技发〔2016〕61号），以及2016年度《海淀区教委系统职称制度改革实施方案》颁布后，职称参评条件与范围扩大，很多幼儿园组织符合条件的教师申报，获得教师职称的人数增加。如某幼儿园在迎接督导评估过程中，2019年共有5名教师获得二级教师职称（专任教师共12名），加上原有2名教师获得二级职称，最后专任教师评职称比例高于50%，刚性指标可不扣分。

(三)骨干教师(20分、刚性6分)

116.★教师发展呈现一定梯队，园级、区级、市级骨干教师达到一定比例。(20分)

评分细则：

园级骨干教师低于30%，得0分；

教师发展呈现一定的梯队，园级骨干教师达到30%，得6分；

区级骨干教师或学科带头人达到本区平均比例，得10分；

区级骨干教师或学科带头人达到本区平均比例，有市级骨干教师或学科带头人，得14分。

信息采集方式：

现场查阅近三年的资料

补充说明：

· 园级骨干教师低于30%，指标得分0分，刚性指标得分0分；

· 教师发展呈现一定的梯队，园级骨干教师达到30%，指标得分6分，刚性指标得分6分；

· 区级骨干教师或学科带头人达到本区平均比例，指标得分16分，刚性指标得分6分；

· 区级骨干教师或学科带头人达到本区平均比例，有市级骨干教师或学科带头人，指标得分20分，刚性指标得分6分。

三、家长满意度

家长满意度(60分、刚性30分)

117.★家长满意率在85%及以上。(60分)

评分细则：

家长满意率在85%以下，得0分；

家长满意率在85%及以上，90%以下，得30分；

家长满意率在90%及以上，95%及以下，得45分；

家长满意率在95%以上，得60分。

信息采集方式：

问卷调查

补充说明：

·做家长问卷的时间：原则上至少提前一周，特殊情况也可为督评当天早上，需要在正式督导评估当天上午10:00前出结果。具体时间可安排在幼儿入园、离园时间，即家长方便到幼儿园的时间，不要让家长安排时间专门到园填写问卷。

·注意问卷发放的严肃性和真实性，可将二维码张贴在幼儿园门口附近（墙壁或桌椅上），家长做问卷时，督学要亲自在现场，不能将二维码交给幼儿园发给家长。

·家长满意率在85%以下，指标得分0分，刚性指标得分0分；

·家长满意率在85%及以上，90%以下，指标得分30分，刚性指标得分30分；

·家长满意率在90%及以上，95%及以下，指标得分45分，刚性指标得分30分；

·家长满意率在95%以上，指标得分60分，刚性指标得分30分。

第六部分

附加分

（本部分共 50 分，当幼儿园得分达到 B 级水平后进行考察。）

一、园所荣誉

118. 机构在办园过程中获区级及以上国家党政机关授予的荣誉情况。(15 分)

评分细则：

园所荣誉区分国家级、市级、区级，分别按 15 分、10 分、5 分赋分。不同荣誉可累计赋分，累计总分不超过 15 分。

信息采集方式：

网上查阅五年内单位获得的荣誉证书(证明)；实地核查

补充说明：

此处的园所荣誉指集体荣誉，个人荣誉不计入内。

二、辐射带动

119. 机构在办园过程中参与市、区两级教育主管部门组织的帮扶项目情况。(25 分)

信息采集方式：

网上查阅近三年的资料；与市区教育行政部门核实

三、特殊需要儿童

120. 为特殊需要儿童提供服务情况。(10 分)

评分细则：

接收医疗机构开具诊断证明的特殊儿童。

信息采集方式：

实地查看